mini版
ネイティブに嫌われる英語

デイビッド・セイン
David A.Thayne

アスコム

はじめに

みなさん、こんにちは。
デイビッド・セインです。

「間違えないように！」

私たちは、この言葉をいままで
何万回聞いてきたことでしょうか。
訳すときは正確に、正しい文法を使いなさい、
とずっと教えられてきました。

しかし、言葉は生きています。
言葉によっては、裏側に別の意味を持っていたり、
同じ表現でも、使い方やシチュエーションによって、
正反対の意味になったりもします。

この本では、私たちがつい使ってしまう表現が、
ネイティブにはまったく違う意味で受け取られている、
そんなフレーズを紹介しています。

英語の裏の意味を知らずにネイティブと話すと、
誤解されたり、怒らせたりして、
思わぬトラブルが生じるかもしれません。
そんな困ったことにならないように、

みなさんが「つい使ってしまいそう」なフレーズを
できるだけたくさん集めました。

ネイティブならではのフレーズもありますから、
この本をマスターすれば、
ネイティブに一目置かれるかもしれませんね。

本書には、みなさんが間違えやすいミスの例が
たくさん出ています。
これは他人ごとではない、
と自分の身に置き換えて勉強すれば、
それだけしっかりと英語力が身につきます。
言葉の裏の意味や、意外な使い方を知って、
英語の面白さを感じることができたら、
もっともっと上達していくでしょう。

本書がみなさんの「ミスから学ぶ勉強の近道」になれば、
これほど嬉しいことはありません。

Fall forward to success!

David Thayne

CONTENTS

Unit1 その英語、ネイティブに嫌われますよ

1. "Very funny." は笑えない ······ 6
2. 「口では言えない場所」へ行く "I have to go." ······ 8
3. 冗談きついよ、"You're too much." ······ 10
4. "just great" はちっともすごくない!? ······ 12
5. 答えはいらない "Guess what?" ······ 14
6. 「ここで会えるとは!」の "didn't expect" ······ 16
7. "I just know" は「第六感」 ······ 18
8. ほめているのよ、"How do you do it?" ······ 20
9. 「あきらめの悪い奴」は "when to quit" を知らない ······ 22
10. たずねてないのに "if you ask me" と言われたら…… ······ 24
11. ネイティブにとっての "business" とは? ······ 26
12. 「シー!」"keep quiet" は口封じ ······ 28
13. 実は「サイテー!」な "What's next?" ······ 30
14. "things" は「あるはずのないもの」 ······ 32
15. "what you say" は「あなたの言い分」 ······ 34
16. 実は謝られていない "Well, excuse me." ······ 36
17. "never know" ならそのうちわかる ······ 38
18. "get the picture" は「なるほど、合点」 ······ 40
19. 「そこまではしないよ」の "I wouldn't..." ······ 42
20. 「ピンポ〜ン!」の "on" ······ 44
21. 「いいの、いいの」の "Say nothing." ······ 46
22. "those" に秘められた「過去」 ······ 48
23. 「もう一度言う」と、「大当たり」に!? ······ 50
24. 「どこから来たの?」は「相手の意図」をたずねる言葉 ······ 52
25. 「不幸自慢」の枕詞、"Talk about..." ······ 54
26. 「仕方ない」ときの "I can't blame you." ······ 56

Unit2 誤解を生む英語、つい使っていませんか

27. "Let's..." と言われたら文句は言えない!? ······ 58
28. "You can't..." で「やめておきなよ」!? ······ 60
29. 決断を迫る "You can ... or..." ······ 62
30. 励ましの "You can..." ······ 64
31. ひと味違う「あきらめなさい」、"You can forget about..." ······ 66
32. "You always..." は「感情的な非難」 ······ 68
33. 「焦燥」の "please" ······ 70
34. 聞き返すときにも使える "come again" ······ 72
35. "We have to" は「ヘルプ!」の叫び ······ 74
36. "You have to..." は命令文 ······ 76

37	「やさしくしくアドバイス」する "You need to..."	78
38	「悪いけど……」の "I need to ask"	80
39	"You should..." は好意的な「おすすめ」	82
40	"No, you may not." は子供扱いの言葉	84
41	「期待」なんてとんでもない、"expect you to..."	86
42	「嫌み」なひとこと "be supposed to..."	88
43	"I know..." には「確信」が隠されている	90
44	"that" に潜む「ネガ」のニュアンス	92
45	「もう待てない！」から、"...or not?"	94
46	"now" には「反抗心」が現れる	96
47	いやみな "hope"	98
48	「それ見たことか」の "Didn't I tell you?"	100
49	聞くだけムダ!?な "You're asking me?"	102
50	「忠告」だったの!?　"have something to say"	104
51	"Listen!" "Look!" と言われたら叱られているのかも……	106
52	"What do you know?" は「黙ってろ」のサイン!?	108
53	気持ちをたずねる "What do you say?"	110
54	叱っているのよ、"Didn't I tell you...?"	112
55	"as far as I'm concerned" は「勝手にしろ」	114

Unit3 危ない！知らずに使うとトラブルになります

56	相手をバカにする "Don't you know...?"	116
57	"You'd better..." は脅し文句だ！	118
58	"It's okay." は「なげやり」!?	120
59	「やるけど、でもね」と条件付きの "be willing to..."	122
60	"I'll manage." は「不承不承」	124
61	"Give me..., please." は幼稚なセリフ	126
62	短縮しないと「主張」が強まる！	128
63	"For your information, ..." は「釘を刺す」言葉だ	130
64	「もうたくさんだ！」の "I've had enough of..."	132
65	"Who do you think...?" でケンカを売ることに!?	134
66	"no idea" と言うと、「さっぱりわからん」ことに	136
67	「優柔不断」な "..., I think"	138
68	激しい嫌悪な "be not about to..."	140
69	"Will you...?" は「ほぼ命令文」!?	142
70	「ちょっと1杯」ではすまない "go drinking"	144
71	「イライラ」の表れ、"Need I...?"	146
72	"must" は「正義」の言葉だ	148
73	「席をすすめる」のには使えない "Please sit down."	150
74	"You can't..." だけでは「冷たいお断り」になる	152
75	「努力したが実現しなかった」"try"	154
76	文頭の "and" は「偉そう」に聞こえる	156

1 "Very funny." は笑えない

Very funny.

 すごくおもしろいね ✕

 ぜんぜんおもしろくないよ ○

(++) ネイティブの気持ち
「ぜんぜんおもしろくないよ」

　Very funny. は直訳すると「非常におもしろい」となりますが、実際のネイティブ同士の会話では、反語的な使われ方がほとんどです。文字どおりに読めば「すごくおもしろいじゃない」「おもしろい冗談だね」という意味になるはずが、実際に相手に伝わるのは「冗談じゃないよ」「何がおもしろいんだ」「ふざけるな」という逆の意味になります。

　日本語でも、怒っているときに「おもしろい冗談じゃないか」という言

い方をしますが、あれとまったく同じ使い方をするのが、この Very funny. という英語表現です。

(^^) 使い方

A : I'm sorry, but your bicycle got stolen.
ごめん、キミの自転車盗まれちゃった

B : Oh, no! That's the third time this year!
えぇ！　今年で3回目だよ

A : Just joking!
うっそー

B : Very funny.
ふざけるな！

 バリエーション

> **I'm not laughing.**
> 笑い事じゃないよ！
>
> **I don't find that funny.**
> おもしろくもなんともないよ、ふざけるな！

2 「口では言えない場所」へ行く "I have to go."

I have to go.

行かなきゃならない ✕

お手洗いなんです

(++) ネイティブの気持ち
「お手洗いなんです」

　このI have to go. という言葉は、もちろん「行かなければならないんです」という意味なのですが、ときとして、これを「お手洗いに行かなければならない」「お手洗いなんです」という意味で使うことがあります。特に、困った顔をして言うと「もうがまんできない！」というニュアンスが強くなります。

　直接口に出して bathroom（お手洗い）と言うのもなんですから、ネイティブはこのようなフレーズで断っておいて、さりげなく席を立つので

す。この言葉を聞いても、一緒にいる相手が帰宅しまうのでは、などと早とちりしないでくださいね。

(^^) 使い方

A : Ah, can I be excused for just a minute?
ちょっと失礼していいですか？

B : This is an important discussion.
大事な打ち合わせなんだぞ

A : I have to go.
お手洗いなんです

バリエーション

I have to go to the bathroom.
お手洗いなんです

I have to use the bathroom.
お手洗いを借りたいんです

I have to go, number one.
トイレにいかないと、小さい方がもれちゃう

I have to go, number two.
トイレにいかないと、大きい方がもれちゃう

3 冗談きついよ、"You're too much."

You're too much.

あなたはあまりにも大量だ

また、冗談ばっかり

(++) ネイティブの気持ち
「また、冗談ばっかり」

　You're too much. というフレーズは、相手が「何かをやり過ぎている」と感じたときに使われます。too much は文字どおりに訳せば「あまりにもたくさん」という意味ですが、そこから転じて「やり過ぎ」という意味になったのです。

　ただし、これは別に非難がましい言葉ではありません。話をしている相手が冗談ばかりを連発しているようなとき、その人に向かって「冗

談ばっかり」「冗談きついよ」「あなたの冗談にはついていけない」と、軽い感じで使われる言葉なのでお間違いなく。また、女性でも十分に使える表現ですから、この点も覚えておいてください。

さあ、みなさんもくだらない冗談を連発している上司などを練習台にYou're too much. という言葉を使ってみましょう。

(^^) 使い方

A: What's the longest word in the English language?
英語で一番長い単語は何だと思う？

B: Mm, I don't know.
あー、わかんない

A: It's smiles. There's a mile between the two S's.
笑顔だよ。SとSの間に1マイルもあるだろう

B: You're too much.
また、冗談ばっかり

 バリエーション

> **You're just full of jokes.**
> 冗談ばっかり
>
> **You're a real clown.**
> お前って本当にふざけてばかりだな

4 "just great" はちっともすごくない!?

That's just great.

それはすごいね！

ホントそれは困った

(++) ネイティブの気持ち
「ホントそれは困った」

みなさん、That's great. は「すごいじゃない！」「やったね」「よかったじゃないか」といったポジティブな意味のフレーズだと理解していますね。That's great. にはもちろんこの意味もあります。しかし、同じThat's great. でも、投げやりな感じで発音されると、「それは本当に参ったな」「困ったな、もう」という皮肉のこもった言い回しになります。

ここで紹介した That's just great. はさらに徹底していて、ポジ

ティブな含みはまったくありません。That's just great. は自分の身によくない出来事が降りかかったときに使う言葉で、自分自身に向けて自嘲気味に語られるものです。「とんでもないよ、ホント」「ホントそれは困った[参った]」という感じです。

(^^) 使い方

A : I have some bad news.
悪い知らせがあるの

B : What? What happened?
何？ どうしたの？

A : You're wife ran off with all your money.
奥さんが、あなたの全財産を持ち逃げしたんですって

B : That's just great.
本当に参ったな、もう

バリエーション

That's just wonderful.
参ったなあ（困ったなあ）

That's just super.
（同上）

Guess what?

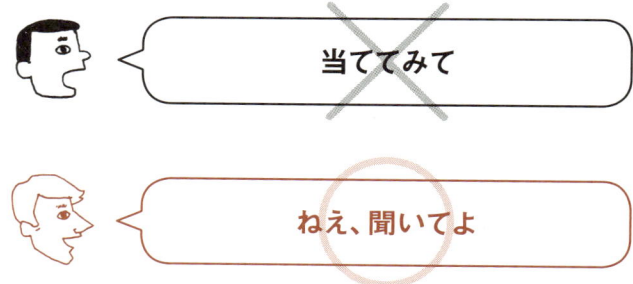

(++) **ネイティブの気持ち**
「ねえ、聞いてよ」

　Guess what? を直訳すると、「(これから話すことが) 何であるか推測してください」といった意味になります。この意味から転化して、いまでは、話を切り出すときの単なる前置きとして、「ねえ」といった意味で用いられています。ですから、誰かに Guess what? と言われたとしても、「答えは何だろう」などと考える必要はありません。What? (何かな?) と相手の話に耳を傾けてあげましょう。

Unit 1 その英語、ネイティブに嫌われますよ

Guess what? は、自分の話したいことを、相手に切り出す表現です。このフレーズを自分のほうからどんどん使えば、今まで以上にネイティブの気持ちを引きつけることができるはずですよ。

(^^) 使い方

A : What are you so excited about?
何にそんなに興奮しているの？

B : Guess what?
あのね、聞いてよ

A : What?
何？

B : I got a new job!
私、仕事が決まったのよ！

バリエーション

Guess what I bought? / What?
何を買ったと思う？　何？

Guess where I'm going? / Where?
私がどこに行くと思う？　どこ？

6 「ここで会えるとは！」の "didn't expect"

I didn't expect to see you here.

ここであなたに会うことを期待していなかった

今日ここで君に会えるなんて！

(++) ネイティブの気持ち
「今日ここで君に会えるなんて！」

　didn't expect to see... で「会うことを予期していなかった」というのが直訳ですが、そこから転じて「予期せぬときに会えてうれしい」という気持ちを伝えるフレーズとして用いられています。

　didn't expect と聞いて、「別に会うことを期待していなかった、会いたくもなかった」と言っているのだと勘違いしてはいけません。偶然、街でばったりネイティブの友達に会ったとき、この言葉で気持ちを伝えられれば、相手もきっと喜んでくれますよ。

Unit 1　　　　その英語、ネイティブに嫌われますよ

I wasn't expecting you. と表現する人はいるかもしれませんが、これは「あなたが今来ると困る」のニュアンスを含んでいるので、こう言ってしまうと相手はすぐに帰ってしまうかもしれません。また I'm not expecting. は「私は妊娠していない」の意味になります！

(^^) 使い方

A : Hi, Bill.
ハーイ、ビル！

B : Alice! I didn't expect to see you here!
アリス！ ここで君に会えるなんて！

A : Actually, I'm a big boxing fan.
私、実は大のボクシングファンなのよ

B : Really?
そうなんだ！

バリエーション

I didn't expect you to come.
君が来るなんて思わなかったよ！

I'm surprised to see you here.
あなたとここで会うなんて予想もしてなかったよ！

7 "I just know" は「第六感」

I just know she'll say no.

> 彼女が断るだろうということを、ただ知っているだけだ ✗

> なんとなく彼女に断られる気がするんだ ○

(++) ネイティブの気持ち
「なんとなく彼女に断られる気がするんだ」

I just know と聞くと、「ただ知っているだけだ」という意味だと勘違いしてしまう方も多いでしょうが、実はこれは、第六感とでも言うべき「話者の勘」を表すフレーズなのです。I just know... で「何となく〜とわかる」という意味になります。これに似た言い方に、Just a sense.（そんな感じがするだけさ）というフレーズもありますので、一緒に覚えておきましょう。

ちなみに、日本語の「第六感」を英語で a sixth sense と言います。「私はこういうことについては第六感がある」を、英語では I have a sixth sense about these things. と言います。

(^^) 使い方

A : What's this?
これは何？

B : It's a ring. I'm thinking about asking Linda to marry me.
指輪だよ。リンダに結婚を申し込もうと思ってるんだ

A : That's great.
素晴らしいわ

B : I just know she'll say no.
何となくノーと言われそうな気がするんだ

バリエーション

I just know it's going to rain tomorrow.
何となく明日は雨が降りそうな気がする

I just know I'm going to win the race.
何となくレースに勝ちそうな気がする

8 ほめているのよ、"How do you do it?"

How do you do it?

それ、どうやってやるの？

君、よくやってるね、すごい！

(++) ネイティブの気持ち
「君、よくやってるね、すごい！」

例文とは少し違いますが、How do you do this?（これはどうすればいいのですか？）と、this を使って表現すれば、「どうすればいいの？」と「方法」をたずねる表現になります。ここで紹介する How do you do it? にも同様の意味がありますが、もうひとつの意外な意味も隠されています。

How do you do it? は、毎日のように、仕事と並行して病人の介護をしているといった、とても普通の人にはできそうにないことをしている人物や、ものすごい量の仕事をこなしている人などに対するほめ言

Unit 1　その英語、ネイティブに嫌われますよ

葉として使われることがあります。「どうやったら、そんなすごいことができるんだい」という「ほめ言葉」でもあるのです。

(^^)　使い方

A : What are your plans for today?
君の今日の予定はどうなってるの？

B : Well, after work, I'm going swimming, and then I plan to do some volunteer work. Then I'm going to work on my book.
えっと、仕事のあと、泳ぎに行って、そのあとボランティアなの。それから原稿を書くつもりよ

A : How do you do it?
よくやるねー、すごい！

B : Well, there's so much that I want to do.
ええ、やりたいことがたくさんあるのよ

 バリエーション

> **How do you get everything done?**
> どうやったらそんなにいろいろこなせるの？
>
> **If I were you, my head would be spinning.**
> もし私なら、目が回っちゃうわ

9 「あきらめの悪い奴」は "when to quit" を知らない

You don't know when to quit.

あなたはいつやめたらいいのかを知らない

君ってあきらめが悪いね

(++) ネイティブの気持ち
「君ってあきらめが悪いね」

when to quit は「やめるための時期」、つまり「いつやめたらいいのか」のタイミングですね。You don't know when to quit. を日本語に直訳すると、「あなたはいつやめたらいいのかを知らない」となるのですが、実際には「いつまでたってもあきらめない人」に対して、「君ってあきらめが悪いよね」という意味で使われるフレーズになります。

Unit 1　その英語、ネイティブに嫌われますよ

　バリエーションのところで紹介していますが、when to give up と言い換えてもほぼ同じ意味になります。それから、もうひとつ、「負けを認めない人」なら、when you're beaten というフレーズに置き換えて表現すればいいですね。

(^^) 使い方

A : Are you going to run in the election again?
また選挙に出るつもりなの？

B : Yes, of course.
ああ、もちろんさ

**A : You've already lost 10 times.
You don't know when to quit.**
もう10回も落選しているのよ。あきらめが悪いわね

 バリエーション

> **You don't know when to give up.**
> 君はあきらめる頃合いを知らないね
>
> **You don't know when you're beaten.**
> 君は負けを認めることを知らないね

10 たずねてないのに "if you ask me" と言われたら……

If you ask me, you're making a mistake.

あなたが私にたずねるのなら言いますが、それは間違いですよ

私に言わせれば、それは間違いですよ

(++) ネイティブの気持ち
「私に言わせれば、それは間違いですよ」

　If you ask me,... という仮定のフレーズは、実際に相手に何かをたずねられたときに使うのではありません。これは、実は自分の意見を切り出すときの決まり文句で、「私に言わせれば」といった日本語のフレーズに相当するものです。If you ask me, it's boring. とすれば、「私に言わせりゃ、つまんないよ」といった意味になります。

　特に何もたずねてないのに、If you ask me,... と相手が話し始

たときは、「ははぁ、この人、自分の意見を切り出そうとしているんだな」と思ってくださいね。

(^^) 使い方

A : Why don't you invest in Alice's company?
アリスの会社に投資したらどうなんだい？

B : Alice's company?
アリスの会社ですって？

A : I've already invested $5,000.
僕はもう5,000ドル投資したよ

B : If you ask me, you're making a mistake.
私に言わせれば、あなたは間違ってるわ

バリエーション

> **If you want my opinion, you're making a mistake.**
> 僕の意見では、君は間違ってるよ
>
> **I know you didn't ask,
> but I think you're making a mistake.**
> 聞かれてはいないけど、君は間違ってると思うよ

11 ネイティブにとっての "business" とは？

It's none of your business.

> それはあなたの仕事ではありません ✕

> あなたには関係ないことだ ○

(++) ネイティブの気持ち
「あなたには関係ないことだ」

　It's none of someone's business. というフレーズでは、business は「仕事」という意味では使われません。「〜（人）の仕事ではない」という意味から転化して、「〜（人）には関係のないことだ」という意味で使われるフレーズになります。none of your business なら「あなたには関係ないこと」、none of my business なら「私には関係のないこと」となります。

Unit 1　その英語、ネイティブに嫌われますよ

「あなたの仕事じゃないんだから、そんなことまでやらなくていいんだよ」と言いたいときに、It's none of your business.（あんたには関係ないことだ）などと、間違っても口を滑らせてはいけません。

(^^) 使い方

A: Who's this letter from?
この手紙は誰からの？

B: It's from an old friend.
古い友達からだよ

A: Let me read it.
私に読ませてくれない？

B: It's none of your business.
君には関係のないことだよ

 バリエーション

It's not any of your business.
君にはまったく関係ないことだ

That's private.
個人的なことだよ

12 「シー!」、"keep quiet" は口封じ

Keep quiet.

 静かにしなさい

 誰にも言わないでくれよ

(++) ネイティブの気持ち
「誰にも言わないでくれよ」

　これは Be quiet.（静かにしなさい）と混同されやすい表現ですね。be ではなく keep を使って、Keep quiet. とすると、「沈黙を守っていろ」「口を塞いで黙っていろ」と、相手に何らかの秘密を漏らさないように伝えるフレーズになります。もう少しこなれた日本語に直すとすれば、「誰にも言わないでくれよ」「内緒だぞ」といった感じです。Keep quiet. と言われたからといって、先生に叱られた子供のように急に口をつぐむ必要はありませんよ。

Unit 1 その英語、ネイティブに嫌われますよ

(^^) 使い方

A : I just found out that Sam is going to propose to Linda.
サムがリンダにプロポーズするんだってさ

B : Really? I can't believe it.
本当？ 信じられないよ

A : Keep quiet. It's a secret.
誰にも言わないでくれよ、秘密なんだからな

B : Okay, sure.
わかったよ、絶対言わない

 バリエーション

> **Keep quiet about this.**
> このことは誰にも言わないでくれ
>
> **Keep this a secret.**
> このことは内緒にしておいてくれ
>
> **Keep this in this room.**
> この情報がこの部屋からもれないように
>
> **This is just between you and I.**
> これは君と私との間だけの話です

13 実は「サイテー!」な "What's next?"

What's next?

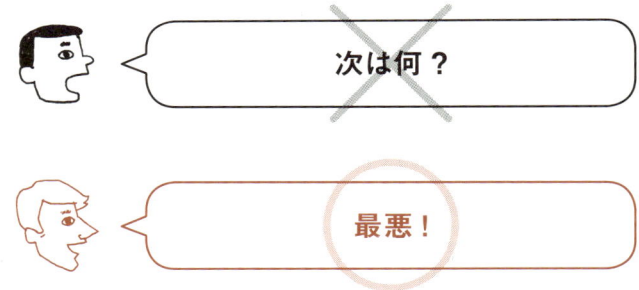

次は何？

最悪！

(++) ネイティブの気持ち
「最悪！」

　What's next? は文字どおりに直訳すれば「次は何なの？」となります。しかし実際の会話の場面では、相手に対する怒りを表す決まり文句として使われる場合がほとんどです。What's next? のもつ「次は何？」という元来の意味から推測することは難しいのですが、人から自分の不利益になる出来事が起こったことを伝え聞いたときに、「最悪だよ！」といった意味合いで口にする表現なのです。「次はいったい

何なんだ？（これ以上悪くはならないでしょうね、だってもうこれ以上にはあり得ないほど悪いじゃないか！）」というところから、「最悪！」「最低！」という意味に転じてきた言葉だと考えられます。

テレビドラマや映画のケンカの場面などでよく出てきますから、一度観察してみてくださいね。

(^^) 使い方

A : Your car broke down.
君の車が壊れちゃったよ

B : Oh no!
何ですって！

A : Oh, and I'm afraid your dog is sick.
ああ、それから君の犬は病気になっちゃったよ

B : What's next?
最悪！

> **This is the worst.**
> 最悪！
>
> **Things couldn't get worse.**
> これ以上最悪なことないわ

14 "things"は「あるはずのないもの」

He hears things.

彼はあることを聞いた ✕

彼には幻聴が聞こえる

(++) ネイティブの気持ち
「彼には幻聴が聞こえる」

　thing は通常、「事柄」「事態」「要点」といった意味ですが、「聞こえるはずのないもの」あるいは「見えるはずのないもの」という意味で用いられることがあります。hear things で「幻聴が聞こえる」、see things になると「幻覚が見える」という意味になるから驚きです。

　ちなみに英語で I hear you. は「あなたの言うことが聞こえる」という意味ではなく「わかりました、そうします」と相手の命令に従うことを

Unit 1 その英語、ネイティブに嫌われますよ

表す言い方です。また Do you hear me? なら「私の言う通りにしますか？」の意味になります。「あなたの言うことが聞こえる」なら I can hear you. また「私の言うことが聞こえている」なら Can you hear me? という表現になります。

(^^) 使い方

A : Your grandfather thinks I told him I'm your husband.
僕が君の夫だと言ったって、おじいちゃんは思い込んでるね

B : He hears things.
おじいちゃんは、幻聴が聞こえるのよ

A : How old is he?
お歳はいくつなの？

B : He's 105.
105 歳なのよ

 バリエーション

He hear voices.
彼には幻聴が聞こえる

He sees things.
彼には幻覚が見える

15 "what you say" は「あなたの言い分」

That's what you say.

それは君の言ったことだ ×

それは君の言い分だ

(++) ネイティブの気持ち
「それは君の言い分だ」

　what you say という関係代名詞 what を含んだフレーズですが、直訳すると「あなたが言ったこと」となります。ここから転じて「あなたの意見、言い分」という意味に変化したのが、That's what you say. (それは君の言い分だ) というフレーズ。「私が言ったことではなくて、あなたが言ったことですよ」というニュアンスです。Says you.「あなただけが言う」→「あなた以外は誰もそう思っていない」も同じ

Unit 1 その英語、ネイティブに嫌われますよ

ニュアンスです。

　この what someone says にはもうひとつ紛らわしい用法があります。That's what I say. と I を主語にした場合です。こちらは「私の言ったことだ」「私の意見だ」からさらに転じて、「私もあなたと同感だ」と相手への同意を表す意味になります。

(^^) 使い方

A: I think we need to cut your salary.
君の給与を減らす必要があると思ってるんだ

B: That's what you say.
それは君の言い分だろ

A: Your sales are down 40 percent.
君の売上げは40%も下がってるんだ

B: It's not my fault.
それは僕の責任じゃないよ

バリエーション

That's what you think.
それは君の考えだ

I don't agree.
私はそう思いません

16 実は謝られていない "Well, excuse me."

Well, excuse me.

あっ、すみません ✕

おやおや、こりゃまた
とんだ失礼をいたしましたね〜 ○

(++) ネイティブの気持ち

「おやおや、こりゃまた
とんだ失礼をいたしましたね〜」

　Excuse me. といえば、お詫びの気持ちを表す表現の代表格ですね。Excuse me. 自体は、特に悪い言葉ではなく、そのまま日常会話の中で使うことが可能です。

　ただし、Well, excuse me. と、疑いや驚きを表す間投詞 Well, ...（おや、あれあれ）が文頭についた場合には、皮肉な謝り方に聞こ

えるので要注意です。Well, excuse me. とネイティブが言うとき、彼らは、「おやおや、これはすみませんね〜」「これはこれは、とんだ失礼をいたしましたな〜」と結構きつめの皮肉を込めた言い回しをしているのだと理解しておいてください。

(^^) 使い方

A : Did you use my pencil?
私の鉛筆を使ったでしょう？

B : Ah, yes, I did. Why?
ああ、使ったよ。どうして？

A : You didn't sharpen it after you finished.
使ったあと削ってないじゃないの

B : Well, excuse me.
おやおやこれは、失礼いたしました

バリエーション

WEEEL, EXCUUUSE MEEE.
これはこれは、とんだ失礼をいたしましたね〈さらに強い皮肉〉

Well, excuse me for living.
これはこれは、本当にとんだ失礼をいたしましたね〈上記よりさらに強い皮肉〉

17 "never know" ならそのうちわかる

You never know.

> あなたには決してわからない ×

> まだ（どうなのか）わからないよ

(++) ネイティブの気持ち
「まだ（どうなのか）わからないよ」

　会話で何かの結果を予想しているときなどによく使われるのが、この You never know. という表現。「まだわからないよ」「そうかもしれないけど、まだはっきりしないよ」といった意味合いで用いられます。「君には絶対にわかるもんか」という意味ではありません。

　これと似た言い方に、You'll never know. というものもありますが、こちらは逆に「君には絶対にわかりっこない」「君には永遠にわか

りゃしない」という意味です。このふたつはとても似ていますから、使い分けに注意しましょう。特に You never know. を You'll never know. と聞き間違えて、ネイティブが自分にケンカを吹っかけてきたのだと勘違いしてはいけませんよ。

(^^) 使い方

A : It looks like you owe me $100. You lost the bet.
君に100ドル貸しができたみたいだね。賭けは君の負けだよ

B : You never know. The Giants still might win.
まだわからないよ。ジャイアンツが勝つかもしれない

A : They're behind by 6 points!
もう6点も負けてるんだよ

B : Well, the game's not over.
でも、ゲームは終わってないさ

バリエーション

Who knows?
誰にもわからないさ

No one knows.
(同上)

18 "get the picture" は「なるほど、合点」

I get the picture.

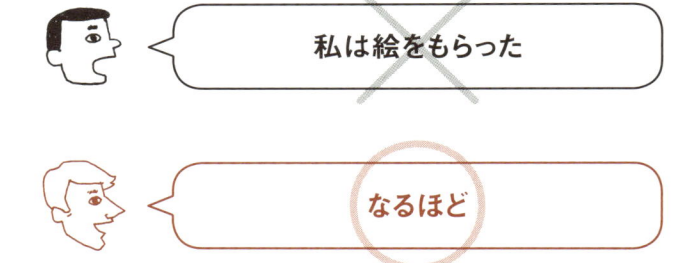

> 私は絵をもらった ✕

> なるほど

(++) ネイティブの気持ち
「なるほど」

ここでの picture は「物事に関する理解」を比喩的に表した言葉です。

get the picture で「絵をつかんだ」、つまり「物事を理解した」という意味合いになります。「なるほど」「そうか!」という日本語に対応する表現だと言えます。

何だかいままで合点がいかなかったことが、すっきりわかったとき、難解でよくわからなかったことがやっと理解できたときなどに使ってみ

ると、「こいつなかなかできるやつだな」とネイティブにアピールできること間違いなしですよ。

(^^) 使い方

A : What's the matter?
どうしたの？

B : I talked to Bob, and he said he's going to move to England.
ボブと話したんだけど、あいつイギリスに移住するつもりなんだってさ

A : I get the picture. **He wants to dump me.**
なるほど。私と別れたいのね

バリエーション

Do you get the picture?
わかったかい？

I don't get the picture.
わからないなぁ

It's important that you get the whole picture.
この全体を理解することが大事です

19 「そこまではしないよ」の "I wouldn't..."

I wouldn't put it that way.

> 私はそのような言い方はしないだろう ✗

> 私だったらそこまでは言わないな

(++) ネイティブの気持ち
「私だったらそこまでは言わないな」

　I wouldn't... は、「私だったら〜まではしないだろう」という気持ちを表すことがあります。この would は仮定法を使った表現。基本的には相手の気持ちに同意してはいるのですが、相手のやり方ほど手厳しくはしないという意味のフレーズです。

　「私だったらそこまでは……」という状況は日常でもよく起こりますね。そんなときにはこの I wouldn't .... を思い出しましょう。

Unit 1 その英語、ネイティブに嫌われますよ

(^^) 使い方

A : Why is Alice crying?
どうしてアリスは泣いているんだい？

B : John, her supervisor, has been yelling at her.
上司のジョンが文句ばかり言うんだよ

A : I hope he falls and breaks his neck.
あいつ、転んで首の骨を折ればいいんだ

B : I wouldn't put it that way.
私はそこまでは言わないな

バリエーション

I wouldn't go that far.
私だったらそこまでは言わないわ

I wouldn't say it quite that way.
私だったらその言い方はしないわ

20 「ピンポ〜ン！」の "on"

Right on!

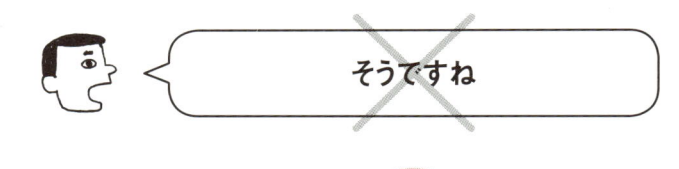

そうですね ×

まさにそのとおり！

(++) **ネイティブの気持ち**

「まさにそのとおり！」

on には「ピッタリ」という語感がありますが、Right on! の on もまさにこの語感で用いられています。「まさにそのとおりだ」「正解！」「ピンポ〜ン！」「異議なし」といった意味で使われます。

on を活かしたメリハリのある会話をぜひ楽しんでみてください。ちなみに Right off! は意味不明です。

Unit 1 その英語、ネイティブに嫌われますよ

(^^) 使い方

A : Suzy, can you spell arithmetic?
スージー、アリスメティックの綴りはわかるかい？

B : I think. A-R-I-T-H-M-E-T-I-C.
A-R-I-T-H-M-E-T-I-C だと思うけど

A : Right on!
そのとおり！

バリエーション

You hit the nail right on the head.
図星だよ
＊on the head「ピッタリ（くぎの）頭のところを」

You're right on time.
時間ピッタリだね

She went right on talking for two hours.
彼女は2時間も話し続けた
＊go right on...「～をやり続ける」

21 「いいの、いいの」の "Say nothing."

Say nothing.

> 何も言わないでよ ×

> かまわないよ ○

(++) ネイティブの気持ち
「かまわないよ」

　Say nothing. は御礼への返事としてよく使われます。誰かに何かで御礼を言われたときに「いいよ、いいよ」「御礼は結構だよ」という意味で用いるフレーズです。「何も言わないでください」ということは、つまり「御礼の言葉など必要ありませんよ」「かまわないですよ」ということです。何かをしてあげた相手に御礼を言われたときには、この言葉を返してあげると、好感を持たれること間違いなしですよ。

Unit 1 その英語、ネイティブに嫌われますよ

「何も言わないでよ」は英語では Say nothing about this. とか Don't say anything about this. または Don't tell anyone about this. と言います。

(^^) 使い方

A: Here's the money you lent me. I owe you a big one.
はい、君が貸してくれたお金だよ。本当に恩に着るよ

B: Say nothing. I'm glad I could help.
かまわないよ。手助けできてよかったよ

A: Please let me know if I can ever do anything for you.
僕にできることがあったら何でも言ってくれよ

バリエーション

You don't need to say anything.
かまわないよ

You don't have to say anything.
(同上)

It's nothing.
(同上)

22 "those" に秘められた「過去」

Those were the days.

> あれらは数日でした ❌

> あの頃はよかったなぁ ⭕

(++) ネイティブの気持ち
「あの頃はよかったなぁ」

those が「かつてのある時代」を表す場合があります。「あの頃はよかったな」と振り返るときに使う「あの頃」「当時」という感覚で用いられる言葉が those です。

Those were the days.（あの頃はよかった）のほかにも、Those were good times.（当時はいい時代だった）といった使い方が可能です。また、例文の the days は the days when life was wonderful（人生が素晴らしかったあの頃）という意味。昔を懐かしむ表現に使われる those をぜひ覚えておきましょう。

　もう少し年齢が高くなってネイティブと昔話をするようになったときなど、実感を込めて Those were the days. と言ってみたいものですね。

(^^) 使い方

A : This magazine cost $15. Can you believe it?
この雑誌が15ドルもするなんて、信じられる？

B : I can remember when magazines were $1.
1ドルだった頃のことを思い出すなぁ

A : Those were the days.
あの頃はよかったな

バリエーション

Those were good times.
当時はいい時代だった

Those were happy times.
あの頃は幸せだった

23 「もう一度言う」と、「大当たり」に!?

You can say that again.

> あなたはもう一度それを言えます ✗

> 当たってるよ、そのとおり！

(++) ネイティブの気持ち
「当たってるよ、そのとおり！」

　can say that again（もう一度言うことができる）とはどういうことでしょう。英語で You can say that again. と言えば、「もう一度言ってくれてもいいくらい、あなたの言っていることは当たっている」といった意味合いになります。適当な日本語をあてるとすれば「（まさに）そのとおりだよ！」といったところでしょうか。誰かの意見に積極的に同意したいときにはこのフレーズを使うとインパクトが出ますよ。

Unit 1　その英語、ネイティブに嫌われますよ

ちなみに、「それをもう一回言ってください」と言いたいときは、Say that again. と言ってください。

(^^) 使い方

A : What do you think about Alice's coffee?
アリスの煎れるコーヒーどう思う？

B : It tastes like mud.
泥みたいな味がするわ

A : You can say that again.
当たってるわね

バリエーション

> **You got that right.**
> そのとおりよ
>
> **Ain't that the truth?**
> まさにそのとおり
>
> **You got a hundred on that test!**
> その通りだ
> ＊「テストなら満点だね」の意味

24 「どこから来たの?」は「相手の意図」をたずねる言葉

Where are you coming from?

> あなたはどこからやって来ているの?

> いったいどういうこと?

(++) ネイティブの気持ち
「いったいどういうこと?」

「あなたはどこからやって来ているの」と実際の場所をたずねるときにも使えますが、「相手の考えが出てくる場所」をたずねたいときにもこのフレーズが使えます。「あなたの考えはどんな場所から出てきているの?」という意味から転じて、「あなた、いったい何を考えているんだい?」「あなたの言っていることの意味がよくわからないよ」「いったいどういうことだい?」と相手の意図を確認するために使われるように

Unit 1 その英語、ネイティブに嫌われますよ

なったのが Where are you coming from? というフレーズです。

相手の考えの根拠や、相手の話の意図などがよくわからないときには、この表現で確認してみてください。「うむ、こいつはできる」とネイティブに一目置かれる存在になれると思いますよ。

(^^) 使い方

A: How can we improve our sales?
どうすれば売上げが上向くと思うかい？

B: I think we need to change the name of the company.
会社の名前を変えるべきじゃないかなぁ

A: Where are you coming from?
それはいったいどういうことなんだい？

B: It's too long. Our customers can't remember it.
長すぎるってことさ。顧客はうちの社名を覚えられないよ

バリエーション

What gives you that idea?
その考えはどこから来たの？

Where did you get that from?
（同上）

25 「不幸自慢」の枕詞、"Talk about..."

Talk about busy.

忙しさについて話しなさい ×

忙しさと言えば……

(++) ネイティブの気持ち
「忙しさと言えば……」

　Talk about... というと、「〜について話せ」という意味かなと勘違いしそうですが、実は「〜と言えば」と、相手の話を受けて同じ話題の別の話を持ち出すときの決まり文句なのです。ただしこれは、ポジティブな話題にはあまり使われず、不幸な出来事や、失敗談など、よくない話題を受けて、さらによくない話を切り出すときに使われるのが一般的です。この表現を使って、ネイティブの友人と、自分たちの遭遇した不幸を自慢し合ってみるのも悪くありませんね。

Unit 1　その英語、ネイティブに嫌われますよ

　実際に「忙しさについて話しなさい」と英語で言いたかったら (You should...) talk about being busy. となります。

(^^) 使い方

A: What did you do today?
今日は何をしてたの？

B: I had three meetings. I was really busy.
会議が3つもあったんだよ。本当に忙しかったよ

A: Talk about busy. I had five meetings and wrote two reports.
忙しいと言えば、僕なんか5つも会議があって、報告書も2枚書いたよ

バリエーション

> **Talk about poor.**
> 貧乏と言えば……
>
> **Talk about tired.**
> 疲れって言えば……
>
> **(You should...) Talk about the budget.**
> 予算について話して

26 「仕方ない」ときの "I can't blame you."

I can't blame you.

> 君を責めることはできない ✕

> 仕方ないね ◯

(++) **ネイティブの気持ち**
「仕方ないね」

　I can't blame you. と言えば「君を責めることはできない」という意味ですね。ただし、これは表面的な意味でしかありません。I can't blame you. は、実際には、相手がこれからしようとしていることが、周囲の人にはあまり好ましくないけれど、相手にとってはとてもいいことであるようなときに使われる表現なのです。

　例えば、新しい会社への就職が決まって、現在勤めている会社は

| Unit 1 | その英語、ネイティブに嫌われますよ |

辞めなければならないといった場合に、このフレーズはよく使われます。適当な日本語をあてるとすれば「仕方ないね」といったところでしょう。

「新しい会社に移ることにしたんだ」とネイティブに打ち明けられたときには、この表現で応えてあげるといいでしょう。

(^^) 使い方

A: Let's rent a DVD.
DVDを借りようよ

B: I can't. I'm going to a Broadway show. Sorry.
ダメなのよ。私、ブロードウェーのショーに行くの。ごめんね

A: Well, I can't blame you. That sounds more exciting than a DVD.
そうか、仕方ないね。DVDよりは楽しそうだもんね

バリエーション

> **I'd probably do the same thing.**
> 僕もたぶん同じことをするよ
>
> **I'd do the same thing if I were in your shoes.**
> 僕が君の立場でも、同じことをするよ

27 "Let's..." と言われたら文句は言えない!?

Let's finish this report by Monday.

> この報告書を月曜までに終えましょう ✕

> この報告書は月曜までに済ませてくれ

(++) ネイティブの気持ち
「この報告書は月曜までに済ませてくれ」

　職場の上司など目上の人間が、Let's... という言い方をすることがありますが、これを「一緒に〜しようよ」という意味だと思ったら大間違い。実際には部下に向かって、「これを終わらせてくれ」と仕事の段取りを指示しているのだと思ったほうがいいでしょう。もちろん「一緒にやろう」という意味で使われるときもありますが、だいたいはその場の雰囲気でわかるはずです。また、You can! だと気持ちがよく伝わります

Unit 2 誤解を生む英語、つい使っていませんか

が、自然な英語には少し遠いでしょう。You can do it! とか You can win! のように「何ができるか」を言わないといけません。

ネイティブの上司が何かを頼みたそうな顔をしてこのフレーズを口にしたら、「あっ、来たな、仕事だよ」とピンときてくださいね。

(^^) 使い方

A: I need to go home.
さて、帰らなきゃ

B: Let's finish this report by Monday.
この報告書は月曜までに済ませてよね

A: But I have a date.
でも、デートがあるんです

B: You'll have to cancel it.
キャンセルするしかないわね

バリエーション

Let's get this job done within an hour.
この仕事は1時間以内に終わらせてくれ

Let's copy all these reports.
この報告書、全部コピーしてくれ

28 "You can't..." で「やめておきなよ」!?

You can't talk to him like that.

> 君は彼にそんなふうに話すことはできないよ ✗

> 彼にそんなふうに言うのはやめておきなよ ○

(++) ネイティブの気持ち
「彼にそんなふうに言うのはやめておきなよ」

　例文を直訳すると「そんなふうに話すことはできない」と不可能を表す表現のように思いますが、そうではありません。You can't... は「〜することはできない」という意味から転じて、「〜するのはやめておいたほうがいい、やめておきなさい」と相手の言動をやんわり制止するときに使われるアドバイス表現になります。

　よしたほうがいいことをやろうとしている相手に向かって、やんわりと

Unit 2 誤解を生む英語、つい使っていませんか

「～するのはやめておきなさい」とアドバイスしたいときがありますね。そんなとき、とても役立つ表現ですから、みなさんもぜひ覚えてください。

(^^) 使い方

A : What did you tell Mr. Smith?
スミスさんに何を話したの？

B : I told him not to call me everyday.
毎日電話しないようにって言ったんだよ

A : You can't talk to him like that. He's our biggest customer.
彼にそんなふうに言うのはやめておきなよ。
うちの最大の顧客なんだから

バリエーション

You can't give him any money.
一円たりとも、彼にお金を渡すのはやめておきなさい

You can't leave the window open all night.
一晩中窓を開けっ放しにするのはやめときなさい

29 決断を迫る "You can ... or..."

You can tell him the truth or a lie.

> 君は彼に正直に言うことも、うそをつくこともできる ×

> 彼に正直に話してもいいし、うそを言うことだってできる。君が決めるんだ ○

(++) ネイティブの気持ち
「彼に正直に話してもいいし、うそを言うことだってできる。君が決めるんだ」

　You can... といえば、「〜できる」一辺倒で解釈しがちですね。しかし、例文のように「〜することもできるし、〜したっていい」と、相手に選択肢を示しながら「決断を促す」ときに使える助動詞でもあるのです。よく映画の主人公が悩んでいるときなどに、脇役の俳優が口にするセリフです。例えばぐうたらしている社員に向かって、社長がひとこ

Unit 2　誤解を生む英語、つい使っていませんか

と You can work harder or get fired. と言えば、「君は懸命に働いてもいいし、クビになってもいい。決断するのは君だよ」という意味になります。たまには、このようなフレーズでネイティブに選択を迫ってみませんか？

(^^) 使い方

A : John asked me to marry him.
ジョンが結婚してくれって言うの

B : That's wonderful. I'm so happy for you.
素晴らしいことじゃない。よかったわね

A : But he thinks I'm rich. What am I going to do?
でも彼、私がお金持ちだと思っているのよ。どうしたらいいの？

B : Well, you can tell him the truth or a lie.
そうね、正直に言ってもいいし、うそをつくこともできるわ。決めるのはあなたよ

バリエーション

You can help your friend or ignore him.
友人を助けてもいいし、無視してもいい。決めるのは君だ

You can study harder or get expelled.
頑張って勉強してもいいし、退学処分になるのもいい。君が決めるんだ

30 励ましの "You can..."

You can do it if you really try.

> 懸命にやれば、君はそれを行うことができる ✕

> 懸命にやれば、君にはできるよ。頑張れ！ ◯

(++) **ネイティブの気持ち**

「懸命にやれば、君にはできるよ。頑張れ！」

この例のような can は単純に「〜できる」ということを相手に伝えているのではありません。「君なら大丈夫、できるよ！」と励ましているのです。You can do it!（君ならできるさ）なども同様で、相手の能力を強調しながら、激励する表現だと言えます。

人を励ましてあげたいときの、一番簡単な表現として覚えておくと便利ですね。

Unit2 誤解を生む英語、つい使っていませんか

(^^) 使い方

A : I'm thinking about starting my own company.
自分の会社を始めようと考えてるんだ

B : I think you should.
やるべきだと思うよ

A : But I don't have any confidence.
でも、ぜんぜん自信がないんだよ

B : You can do it if you really try.
頑張れよ、懸命にやれば君ならやれるさ

バリエーション

You can succeed if you don't give up.
君があきらめなければ、成功するさ！

You can win. I know you can.
君なら勝てる！ 君なら絶対に勝てるさ！

31 ひと味違う「あきらめなさい」、"You can forget about..."

You can forget about going to the movies.

> 君は映画に行くのを忘れてもいいよ ×

> 映画に行くのはあきらめなさい

(++) ネイティブの気持ち
「映画に行くのはあきらめなさい」

You can forget about... を直訳すると、「君は〜を忘れることができる」あるいは「忘れてもよい」という意味になります。もちろんこれらの意味でも用いられるフレーズなのですが、ネイティブはひと味違った使い方をするときがあるので覚えておきましょう。それがここで紹介する「〜はあきらめなさい」という意味での You can forget about... です。「君、忘れていいから」ということは「もうあきらめなさい」ということなのです。

Unit 2　誤解を生む英語、つい使っていませんか

　もし「映画に行くの忘れていもいいよ」をネイティブ英語で言うとしたら You don't have to remember that we're going to go to the movies. になるでしょう。You don't have to remember going to the movies. は「映画に行ったことを忘れてもいい」となります。

(^^) 使い方

A: Have you finished your homework?
　宿題は終わったの？

B: No, not yet.
　ううん、まだだよ

A: You can forget about going to the movies.
　映画に行くのはあきらめなさい

B: But all my friends are going.
　でも、友達はみんな行くんだよ

バリエーション

You can forget about going home early.
早めに帰宅するのはあきらめなさい

You can forget about watching TV today.
今日はテレビを見るのはあきらめなさい

32 "You always..." は「感情的な非難」

You always forget.

> あなたはいつも忘れます ✕

> もう、君はいつも忘れてばかりだな

(++) ネイティブの気持ち
「もう、君はいつも忘れてばかりだな」

　You('re) always... の後ろに、ネガティブな意味の動詞が来た場合、「君っていつも〜だね。困ったものだな」という響きを持つようになります。You're always making mistakes.（君、いつも失敗ばかりだね）、You're always telling lies.（いつもうそばかりつくじゃない）という表現もこれにあたります。また、逆に「いつも〜しないんだね」という批判には You never... というフレーズが使われます。いつも遅

Unit 2 　誤解を生む英語、つい使っていませんか

刻してくるネイティブの英会話の先生に You're never on time.（あなたは時間どおりに来たことないですね）とたまには皮肉を言ってみてはどうでしょうか？　きっと先生もドキッとするはずですよ。

(^^) 使い方

A : Why weren't you at the meeting?
どうして会議に出なかったんだ？

B : Oh, I forgot.
あっ、忘れてました！

A : You always forget.
君はいつも忘れてばかりだな

B : No, I don't. That's the first meeting I've ever missed.
違いますよ。初めてですよ、会議に出なかったのは

バリエーション

You're always making mistakes.
お前はいつも失敗ばかりだな

You're never on time.
お前は時間どおりに来たことがないな

33 「焦燥」の "please"

I'm in a hurry, please.

お願いします。私は急いでいます

頼む！ 急いで！

(++) ネイティブの気持ち
「頼む！ 急いで！」

　とても緊急な場合、あるいはどうしても助けを必要とするような場合に、例文のように please を使うと、「逼迫感」や「切迫感」が相手に伝わります。単に「お願い」するだけの使い方とはひと味違い、焦っている自分の感情をズバリ伝える気持ちの入った言葉です。タクシーに乗っていて目的地へ急ぐときなど、知っておくと便利なフレーズのひとつですね。

| Unit2 | 誤解を生む英語、つい使っていませんか |

もしネイティブが困った顔をしながら Please! と言ってきたら、これは「お願いします」という意味ではなく「勘弁してよ〜」「頼むよ〜」と、困ったことに対して使っています。例えば朝、雨が降っていて、Please! と言うと「なんで雨なんだよぉ！」というようなニュアンスになります。

(^^) 使い方

A: Would you like me to copy on one side or both?
片面コピーにしますか、両面にしますか？

B: One side. I'm in a hurry, please.
片面にして。頼むわ、急いでるのよ！

A: Oh, I'm sorry. It will just take me a moment.
あっ、すみません。すぐに終わりますから

バリエーション

Could you hurry, please?
急いでくれますか？

I don't have all day, please.
急いでよ
＊「一日中時間があるというわけではない、頼むから……」が直訳

34 聞き返すときにも使える "come again"

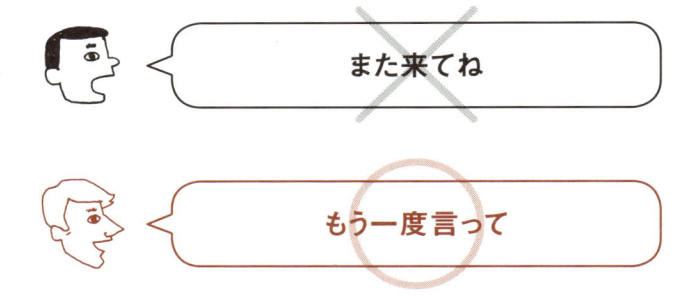

Come again?

> また来てね ×

> もう一度言って

(++) **ネイティブの気持ち**
「もう一度言って」

　Come again. は肯定文では「また来てね」という意味で使える表現です。ところが、これを疑問文にすると、会話の中で相手の言ったことをもう一度繰り返してもらうときに使えます。

　come again には「もう一度来てね」「また来てね」という意味と、「もう一度言って」というふたつの用法があると覚えておきましょう。相手の話が聞き取れなかったときに I beg your pardon? ばかりを使う

Unit2 誤解を生む英語、つい使っていませんか

のではなく、とっさに使える言葉のバリエーションとしてぜひ覚えておくと便利ですよ。

(^^) 使い方

A : I went to Shahaba yesterday.
昨日シャハバへ行ったんだ

B : Come again?
えっ、もう一回言って

A : Shahaba. It's the name of a little town.
シャハバだよ。小さな町の名前さ

B : Oh, I see.
あぁ、わかった

バリエーション

Say what?
何て言った？

Huh?
えっ？

35 "We have to" は「ヘルプ！」の叫び

We have to make some graphs.

> 私たちはグラフを作らなければならない ✕

> グラフを作らなきゃならないんだ、手伝ってよ ○

(++) ネイティブの気持ち
「グラフを作らなきゃならないんだ、手伝ってよ」

We have to... と聞くと、「〜しなければならない」という意味だと思うでしょう。しかし、We という主語をわざわざ使っている意味を考えてみてください。

この場合の We は私と、ここにいるあなた（がた）という意味ですから、We have to... で「私たちは〜しなきゃならない」という意味になります。We have to... は、その場にいる人に向かって「これをしなけれ

Unit2 誤解を生む英語、つい使っていませんか

ばならないから、手伝ってくれよ」と依頼するときに使える表現でもあるのです。

　もしあなたの同僚が、We have to.... というフレーズを口にしたなら、それはヘルプの打診かもしれないと考えてみてください。

(^^) 使い方

A : I have an important presentation tomorrow.
明日重要なプレゼンがあるんだ

B : Let me know if I can help you prepare.
準備で手伝えることがあれば教えてよ

A : We have to make some graphs.
グラフを作らなきゃならないんだよ

B : I'll do it right away.
すぐにやるよ

バリエーション

We have to move these desks.
机を動かさなきゃならないんだ、手伝ってよ

We have to input this data.
データを入力しなきゃならないんだ、手伝ってよ

36 You have to... は命令文

You have to talk to him yourself.

> あなたは自分で彼に話さなければなりません ✗

> 君が自分で彼に話しなよ

(++) **ネイティブの気持ち**
「君が自分で彼に話しなよ」

　もちろん You have to... は、相手の義務を表す表現なのですが、学校で教わったように「〜しなければならない」という意味一辺倒で理解していると、相手の言葉を理解できないこともあります。

　「使い方」の例は、夫婦同士の会話ですが、これは、相手の義務を伝える言葉というよりも、相手への命令だと理解しましょう。「あなたは〜をしなければならない」と伝えることは、相手に何かをしなさいと命令

Unit 2　誤解を生む英語、つい使っていませんか

していることにもなります。have to... には命令のニュアンスがあることを覚えておきましょう。

(^^) 使い方

A : Could you call Jim and tell him I can't go to his party?
ジムに電話して、パーティに行けないって言ってくれない？

B : You have to talk to him yourself.
自分で彼に話しなさいよ

A : But he makes me nervous.
でも、あいつと話してるとイライラするんだよ

B : That's your problem.
それはあなたの問題よ

バリエーション

You have to be more confident.
もっと自信をもちなさい

You have to fill out this form.
この書類に記入しなさい

37 「やさしくしくアドバイス」する "You need to..."

You need to work harder.

> お前はもっと勉強する必要がある ×

> もっと勉強したほうがいいね

(++) ネイティブの気持ち
「もっと勉強したほうがいいね」

You need to... についても多くの日本人が誤解しているところがあります。need の「必要」という意味から想像して、You need to... は「～する必要がある」と相手に強く必要を訴える言葉だという勘違いをしていませんか。実は、You need to... は「～したほうがいいよ」と相手にやさしくアドバイスを与えるときに使うフレーズですから、お間違えなく。

Unit 2　誤解を生む英語、つい使っていませんか

You need to... は、どんなときでも使える便利なアドバイスの言葉です。ネイティブにアドバイスしたいときには、ぜひこの表現をどうぞ！

(^^) 使い方

A : How did you do on the test?
テストはどうだった？

B : I didn't pass.
不合格だったよ

A : You need to study harder.
もっと勉強したほうがいいわよ

バリエーション

You need to take care of your health.
健康には気をつけたほうがいいわよ

You need to stop drinking.
お酒を飲むのはやめたほうがいいわよ

38 「悪いけど……」の "I need to ask"

I need to ask for a favor.

> お願いをしなければなりません ✕

> 悪いけど、ちょっと頼みがあるんだ

(++) ネイティブの気持ち
「悪いけど、ちょっと頼みがあるんだ」

　I need to ask は日本語に直訳すれば「頼む必要があります」となりますね。実はこの表現が、言外に「申し訳ないけど」「悪いけど」というニュアンスを帯びていることを覚えておきましょう。「悪いけど頼むよ」「すみませんがお願いします」「申し訳ないんだけどお願い」という感じです。また、例文中の a favor は「ちょっとした好意」という意味ですから、I need to ask for a favor. 全体では、「悪いけど、ちょっと頼み

Unit2　誤解を生む英語、つい使っていませんか

があるんだ」といった意味になります。

　みなさんも、「悪いけど」という気持ちで相手に何かを頼むことは多いはず。そんな場面では、ぜひともこのフレーズを思い出してほしいものです。

(^^) 使い方

A : I need to ask for a favor.
悪いけど、ちょっと頼みがあるんだ

B : What is it?
頼みって何？

A : I need $2,000. I'll pay you back next week.
2,000ドル必要なんだよ。来週には返すからさ

B : That's a lot of money.
大金ね

バリエーション

I have a favor to ask.
頼み事があるんだ

Would you do me a big favor?
願い事を聞いてほしいんだけど
＊big favor「大きな好意」

39 "You should..." は好意的な「おすすめ」

You should try this shampoo.

> このシャンプーを試すべきです ✕

> このシャンプー、試してみなよ
> （なかなかいいよ）

(++) ネイティブの気持ち
「このシャンプー、試してみなよ（なかなかいいよ）」

　You should... というフレーズも、中学校で習って以来あまり気にかけてこなかったものでしょう。実は should には「〜すべきだ」という批判がましい意味だけしかないわけではありません。should は、自分がいいと思っていることを相手に好意的にすすめるときにも用いられる助動詞なのです。ここで取りあげた You should try this

Unit2　誤解を生む英語、つい使っていませんか

shampoo. なら、「このシャンプーいいよ。だからあなたも使ってみなよ」といったニュアンスが伝わります。

みなさんもネイティブの友達にぜひすすめてみたいもの、例えば、おいしい料理を出すレストラン、新しくできたテーマパークなどがあるときには、この should を使って「おすすめ」してみてください。

(^^) 使い方

A : I hate my hair. It's so dry.
自分の髪が嫌いなのよ。すごく乾燥しているの

B : You should try this shampoo.
このシャンプー試してみたらどう？

A : Will it help?
いいかしら？

B : Just look at my hair.
私の髪を見てよ

バリエーション

You should get a cat.
猫を飼ってみたらいいわよ

You should go to Tokyo Sea Park.
東京シーパークへは行ってみたほうがいいわよ

40 "No, you may not." は子供扱いの言葉

No, you may not.

> いいえ、いけません ✗

> めっ、ダメだよ ○

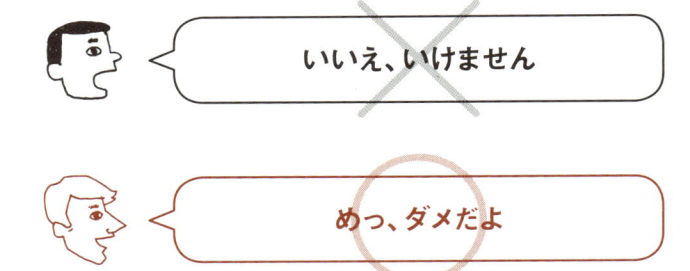

(++) **ネイティブの気持ち**
「めっ、ダメだよ」

　May I play tennis in the living room?（居間でテニスしてもいい？）といった「許可」の疑問文への応えとして、学校で教わったのが、Yes, you may. と No, you may not. でしたね。このふたつの返事はどちらも「許可」の響きが強く、大人が子供に接しているように聞こえます。特に No, you may not. のほうは、母親が子供を「それはダメよ」と叱りつけるような響きになります。

Unit 2 誤解を生む英語、つい使っていませんか

　May I...? という依頼に対しては、Sure.(もちろん、いいよ)、No, you'd better not.(いえ、やめておいて)といった大人の会話にふさわしい表現を心がけましょう。もちろん、子供を叱って、ビシッと言い聞かせたいときには、この No, you may not.(めっ、ダメだよ)という表現をどうぞ。

(^^) 使い方

A: Mom, may I play tennis in the living room?
ママ、居間でテニスしてもいい？

B: No, you may not.
いいえ、ダメよ

A: Can I play outside then?
じゃ、お外で遊んでもいい？

B: No, it's too late.
ダメ、もう遅いわよ

バリエーション

May I go to Bill's house after school? / Yes, you may.
放課後ビルの家に行ってもいい？　ええ、いいわ

May I go camping with my friends? / No, you may not.
友達とキャンプに行ってもいいかなあ？　いいえ、ダメよ

41 「期待」なんてとんでもない、"expect you to..."

I expect you to finish on time.

> 時間どおりに終えるのを期待してるよ ×

> 時間どおりに終えなきゃダメだよ ○

(++) ネイティブの気持ち
「時間どおりに終えなきゃダメだよ」

　日本人にとって expect という単語には「期待する」という語感からポジティブな響きがありますが、expect you to... というフレーズにはこれがあてはまらないので気をつけましょう。

　I expect you to...、あるいは You are expected to... などの expect を使って他人へ働きかける表現は、命令的で、相手を見下したような響きを持ちます。自分が上の立場にいて、「～するんだよ」「～

Unit 2　誤解を生む英語、つい使っていませんか

しなきゃだめだよ」と、召使いなどに向かって命令するような口調のフレーズだと考えればわかりやすいでしょう。

expect you to... と言われて、「期待されているのかなぁ」なんて思ったら、とんでもない大間違い。相手の態度はほぼ180度違うのだと考えてください。

(^^) 使い方

A: Where is that report? It's due right now.
報告書はどこなの？　締め切りの時間よ

B: I need another hour.
もう1時間欲しいんですが

A: I expect you to finish on time.
時間どおりに終えなきゃダメよ！

バリエーション

I expect you to be on time.
時間どおりに来なきゃダメよ

I expect you to tell the truth.
本当のことを話すのよ

42 「嫌み」なひとこと "be supposed to..."

You're supposed to take out the burnable garbage on Monday.

> 燃えるゴミは月曜日に出すことになっています ✗

> 燃えるゴミは月曜に出すんだよ、わかってる？ ○

(++) ネイティブの気持ち
「燃えるゴミは月曜に出すんだよ、わかってる？」

be supposed to... は素直に訳すと「〜することになっている」ということですが、実際には「しなきゃいけないけど、あなたはきっとやらないよね」という感じの嫌みを含んだ言葉に聞こえます。相手の義務を強調しながらも、相手のだらしなさや、いい加減さを嫌みを交えて攻撃

するフレーズが、be supposed to... なのです。

You're supposed to... と言われたときには、相手があなたにきつ〜い嫌みを述べているのです。そんなときには、嫌みたっぷりに返事をしてみるのもいいかもしれませんね？

(^^) 使い方

A : What's this?
これは何？

B : It's a gum wrapper.
ガムの包み紙だよ

A : You're supposed to take out the burnable garbage on Monday.
燃えるゴミは月曜日に出すのよ、わかってる？

B : It's just a wrapper.
ただの包み紙なんだけど

バリエーション

You're supposed to turn off the TV when you go home.
帰る前にはテレビは消すんだぞ

You're supposed to use salt and not soy sauce.
塩を使うんだぞ、醤油はダメだ

43 "I know..." には「確信」が隠されている

I know I can trust you.

僕には君を信用できるって わかっている ✗

君には絶対の信頼をおいているんだ

(++) ネイティブの気持ち
「君には絶対の信頼をおいているんだ」

I can trust you. なら「君を信頼しているよ」という意味になることはわかりますね。例文では、その前に I know というフレーズがおかれています。I know は、話し手の中にある「確信」や「絶対的な信頼」などを表す言葉にもなることを覚えておきましょう。相手への「信頼」の気持ちや、何かへの「確信」の気持ちを込めて、ぜひともこのフレーズを使ってみてください。

Unit 2　誤解を生む英語、つい使っていませんか

　ちなみに I know を強調したいからといって I know, I know. と何度も言ってしまうと「そのぐらいわかっている、バカ」と、イライラした言い方になることがあるので、気をつけましょう。

(^^) 使い方

A : Could you lend me $500?
500ドル貸してもらえない？

B : Ah, sure.
ああ、いいよ

A : I'll write you an IOU.
借用書を書いておくからさ

B : I know I can trust you.
いや、君には絶対の信頼をおいているから

バリエーション

I know she'll come.
彼女は絶対に来るよ

I know you can do it.
君なら絶対にできるよ

I know she'll be late.
彼女は絶対に遅刻するよ

44 "that" に潜む「ネガ」のニュアンス

You said that?

> 君、そう言ったの？ ✗

> 君、そんなこと言ったの？

(++) **ネイティブの気持ち**
「君、そんなこと言ったの？」

　ネイティブが that という単語を口にしたら、彼らの心の中には動揺や、驚き、嫌悪の感情が沸き上がっているかもしれません。that は「それ、あれ」という単純な意味以外に、「悪い物事 [言動]、好ましからざる物事 [言動]」といったネガティブな意味を帯びることがあるからです。You said that? 以外にも、I can't believe he did that. (彼がそんなことするなんて信じられない) なども同様の使い方がなされた例

Unit 2 　誤解を生む英語、つい使っていませんか

です。これは that が「悪い事」を表した例。また、I don't want to talk to that man.（私あんな男とは話したくないわ）という文の that は、「好ましくないもの」を表している例と言えます。

that には、「悪い物事」や「好ましくないもの」というネガティブなニュアンスが含まれることがあります。

(^^) 使い方

A: Where's John? Did you break up?
ジョンはどこ？　別れちゃったの？

B: I told him to go to hell.
地獄に堕ちろって言ってやったわ

A: You said that?
そんなこと言ったの？

B: Yes, and I'm glad I did.
そう、でも言ってすっきりしたわ

バリエーション

How come you did that?
どうしてそんなことしたのよ！

I would never do that.
私ならそんなことは絶対しない

45 「もう待てない！」から、"...or not?"

Are you going or not?

> 行きますか、行きませんか？ ×

> 行くのか行かないのか、どっちなんだ？

(++) ネイティブの気持ち
「行くのか行かないのか、どっちなんだ？」

　Are you -ing ... or not? という ...or not? のついた表現は、単純に選択をたずねるだけではなく、「相手を急かして尻を叩く」ニュアンスがあります。もちろん、時と場合によってではありますが、実はこの表現、優柔不断な相手や行動の遅い相手を急かすときに使うフレーズになります。日本語の感覚では、「早くしなよ」「もう、ぐずぐずするなよ！」といったニュアンスです。ほかの英語で言い換えるとしたら、We

Unit2　誤解を生む英語、つい使っていませんか

don't have all day.（一日たっぷりと時間があるわけじゃないんだよ）といったところですね。

　何気なく口にしがちな Are you...or not? の文ですが、そうとは知らずに相手を急き立ててしまうことのないようにご注意を。

(^^) 使い方

A : How long is it going to take you to finish your makeup?
化粧にどれだけ時間をかけてるんだ？

B : Don't rush me.
あわてさせないでよ

A : We have to leave now. Are you going or not?
もう出かけなきゃならないんだよ。行くのか行かないのか、どっちなんだ？

バリエーション

Are you going to buy it or not?
買うの買わないの、どっちなの？

Are you going to call her or not?
彼女に電話するの、しないの？

46 "now" には「反抗心」が現れる

Are you happy now?

> 今幸せですか？ ×

> これで気が済んだかい？

(++) ネイティブの気持ち
「これで気が済んだかい？」

　Are you happy? なら「幸せですか？」という意味の疑問文として通用しますが、例文のように now をつけてしまうと、まったく違った意味に聞こえる文ができあがります。Are you happy now? は、自分が相手の言ったとおりに失敗してしまったときに、「（君の言ったとおりになったよ）これで満足かい」と皮肉っぽく言い返す言葉になるのです。また逆に、相手が自分の言ったとおりのドジを踏んだときには、

英語の勉強をしているのに、いざネイティブに話しかけられると、とっさに英語がでてこない……。

ネイティブに声をかけられただけで縮こまって何も話せなくなる……。

そこで考えたのが、
この**とっさの英会話**！
スペシャルフレーズ集!!

**ネイティブに話しかけられたドキドキ感から
シミュレーションして英会話をレッスン！
実践的な英語が身につく！**

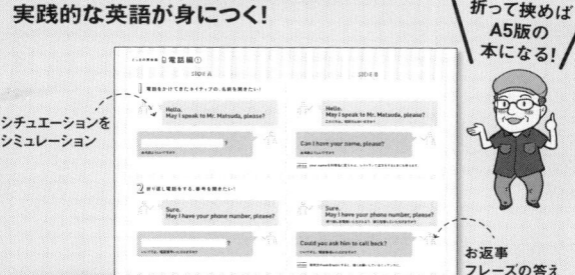

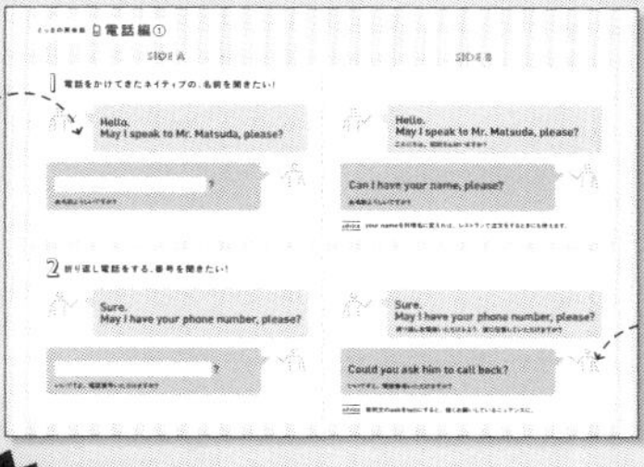

折って挟めばA5版の本になる！

シチュエーションをシミュレーション

お返事フレーズの答え

ただいま無料公開中！

ダウンロードはこちら
http://www.ascom-inc.jp/eikaiwa/

あなただけに スペシャルプレゼント！

ネイティブに話しかけられても、もう困らない！
アウトプット力を鍛える特製BOOK

David A Thayne Presents.
BONUS EDITION

とっさの英会話

デイビッド・セイン 著

とっさに言いたい厳選**32**フレーズが収録！
しかもネイティブに話しかけられたシーンを
シミュレーションできるしかけで
ドキドキ、レッスン！楽しみながら
英語力がアップします！

ただいま無料公開中！

ダウンロードはこちら
http://www.ascom-inc.jp/eikaiwa/

| Unit2 | 誤解を生む英語、つい使っていませんか |

「(どうだい、自分の思いどおりにやって)気が済んだかい？」というように、失敗した相手をあげつらう言葉になります。

どちらにしても皮肉のこもった表現ですね。このように now が加わっただけで、「反抗的」で「皮肉っぽい」ニュアンスが出せるのも、英語のおもしろいところです。

(^^) 使い方

A : Don't put your coffee cup on your computer.
コンピュータの上にコーヒーを置いちゃダメだよ

B : I always put it here. Don't' worry. …Ah!
僕はいつもここに置いてるんだよ。心配ないって。……あっ！

A : Are you happy now?
これで気が済んだかい？

B : I should have listened to you.
君のアドバイスを聞いとけばよかったよ

バリエーション

Are you satisfied now?
これで満足かい？

Are you proud of yourself now?
まだ自慢できるかい？

47 いやみな "hope"

I hope you're proud of yourself.

> 自分を誇りに思いなさい ✗

> まだ自慢できるかな？

(++) **ネイティブの気持ち**
「まだ自慢できるかな？」

　hope は「望む」と訳してかまわないのですが、投げやりな気持ちで使われたときは、「そうなることを望むよ」と、反語的なニュアンスを含むようになります。「あなたが自分を誇りに思っていることを望むよ、でももう自慢できないだろう」といった具合です。

　例文の I hope you're proud of yourself. を適当な日本語にするとすれば「(これでも) まだ自慢できるかな？」といったところでしょう。

Unit2 誤解を生む英語、つい使っていませんか

何かでドジを踏んだあなたに、ネイティブがこう言ってきたときには、決してほめられているのではありませんので、悪しからず。

(^^) 使い方

A : Don't put too much water in the coffee machine.
コーヒーメーカーにあんまりたくさん水を入れないでよ

B : I know how to do it. ...Oh no!
わかってるわよ。……あっ！

A : I hope you're proud of yourself.
これでもまだ自慢できるのかしら？

バリエーション

> **Look what you did!**
> 自分が何をしたかわかってるの！
>
> **Why did you do such a stupid thing?**
> 何でそんなバカなことをしたの？
>
> **I told you!**
> 言ったでしょう！

48 「それ見たことか」の "Didn't I tell you?"

Didn't I tell you?

> 私はあなたに言いませんでしたか？ ✗

> ほらごらん、私の言ったとおりだろう ○

(++) ネイティブの気持ち
「ほらごらん、私の言ったとおりだろう」

　Didn't I tell you? は、前提として、すでに相手に何らかの忠告を行っているときに用います。あることで忠告したのに、その言葉を無視して相手が失敗してしまったときなどに用いられるのが、Didn't I tell you? というフレーズなのです。「やっと今になって、私の言った言葉の意味がわかっただろう」「ほら見てみろ」という感じです。「ほらやっぱりそうだろう」「それ見たことか」と相手のミスに突っ込みを入れるひ

Unit 2 誤解を生む英語、つい使っていませんか

とことなのです。

　Didn't I tell you? と言われて、「そうね、言ってたわね」なんてとぼけた返事で、さらに相手にバカにされないようにしてくださいね。

(^^) 使い方

A : Did Jack like the present you gave him?
ジャックはあなたのプレゼント気に入ってくれた？

B : Not really. He said he already had a hundred neckties.
そうでもないわ。彼ネクタイは腐るほど持ってるって言ってたわ

A : Didn't I tell you?
ほらごらんなさい

B : I know. I should have listened to you.
そうね、あなたの忠告を聞くべきだったわ

バリエーション

> **I told you so.**
> 私がそう言ったじゃないの
>
> **That's what I told you.**
> 私の言ったとおりでしょう

49 聞くだけムダ!?な "You're asking me?"

You're asking me?

> 私にたずねているのですか？ ×

> 私に聞いているの？
> そんなことわかるわけないだろう ○

(++) ネイティブの気持ち
「私に聞いているの？
そんなことわかるわけないだろう」

　You're asking me? というフレーズは「あなたは私にたずねているのですか？」という疑問の形を取っていますが、実は反語的な表現です。「私にたずねているの、私にわかるわけないじゃない」という意味を含んだ言葉なのです。自分が知るはずのないこと、あるいは自分にはそんな知識などまるでないことを相手が知っているはずなのに、声を

かけられたときの返答に使われます。

　ネイティブにこう言われたときには、「そうか、私、的はずれな人に頼んじゃったのね」と反省しましょう。間違っても、Yes, I am.（はい、そうです）なんていう、とぼけた返事は禁物ですよ。

(^^) 使い方

A : What are you doing?
何やってるの？

B : My math homework. What's the square root of 18?
算数の宿題だよ。18の平方根って何？

A : You're asking me?
私に聞いてるの？　そんなことわかるわけないでしょ

バリエーション

Why are you asking me?
何で私に聞くのよ？

I don't know anything about that.
私は全然わからないわよ

50 「忠告」だったの!?　"have something to say"

I have something to say to you.

✗ ちょっと話があるんだ

◯ 君にひとこと忠告しておくことがある

(++) ネイティブの気持ち
「君にひとこと忠告しておくことがある」

　I have something to tell you. という言い方はよく耳にするでしょう。これは、「ちょっと話があるんだ」と相手に話を切り出すフレーズです。これに対して、ここで取りあげる I have something to say to you. はちょっとニュアンスが異なるので要注意。こちらは「君にひとこと言っておきたい［忠告する］ことがある」と相手に何か苦言や忠告を切り出すときに使います。

Unit 2　誤解を生む英語、つい使っていませんか

　ネイティブが have something to tell you ではなく、have something to say と言ったら要注意！　きっと何かあなたに意見したいことがあるのですよ。

(^^) 使い方

A : I have something to say to you.
君にひとこと忠告しておくことがある

B : What?
何？

A : Don't ever touch my computer again.
二度と僕のコンピュータには触らないでくれ

B : Why are you so mad? I didn't break it.
何をそんなに怒っているのさ。壊してなんかいないよ

バリエーション

> **I have just one thing to say to you.**
> ひとつ君に言っておきたいことがある
>
> **There's something I want to say to you.**
> 君に言っておきたいことがある

51 "Listen!" "Look!" と言われたら叱られているのかも‥‥

Listen here!

> 聞いて！ ✕

> ちゃんと聞きなさい！

(++) ネイティブの気持ち
「ちゃんと聞きなさい！」

listen, look という単語を使った命令文は、後ろにつく言葉や口調などによっては「相手への強い注意や怒りを表す」場合があります。例えば、Listen!（聞きなさい！）、Listen here!（ちゃんと聞きなさい！）、Look! / Look here! / Look now!（いいか！）など、いろいろなバリエーションがあります。

Listen! Look! という言葉が飛んできたときには、もしかしたら叱ら

Unit2　誤解を生む英語、つい使っていませんか

れているのかもと、ちょっと頭を切り換えてみたほうがいいかもしれませんよ。

(^^) 使い方

A : Do you remember that money I lent you?
僕が貸したお金のこと覚えているかい？

B : Oh, yeah. I'll pay it back next month.
ああ、そうだ。来月返すよ

A : Listen here! You told me you'd pay me a month ago.
いいか、君は1カ月前に払うと言ったんだぞ

B : Well, I don't have any money.
でも、お金がないんだ

バリエーション

Listen up!
よく聞きなさいよ！
＊Listen! よりもさらに強い口調

Listen here now!
いいか、よく聞けよ！
＊Listen up! よりもさらに強い

52 "What do you know?" は「黙ってろ」のサイン!?

What do you know?

❌ あなたは何を知っているのですか？

何も知らないくせに(黙ってろよ)！

(++) ネイティブの気持ち
「何も知らないくせに(黙ってろよ)!」

What do you know? は文字どおりに読めば、「あなたは何を知っているのですか？」という疑問文でしかありません。しかし、これが強い口調で、ケンカの最中などに用いられるときは、反語的に「あなたがいったい何を知っているんだ、何もわかっちゃいない」という意味のフレーズに化けてしまいます。

このほかにも、単純な疑問文に見えるけれども、実は反語的な意味

Unit2　誤解を生む英語、つい使っていませんか

をもつフレーズは、英語の中に無数に紛れ込んでいます。疑問文を聞いたときには、「もしかしたら反語的に皮肉っているのでは？」と、ちょっとだけ考えてみてもいいかもしれませんよ。

(^^) 使い方

A : You destroyed this company!
君がこの会社をダメにしたんだ

B : It's your fault! You spent all the money!
君の責任だよ。君が全部お金を使ったんだよ

A : What do you know?
君は何もわかっちゃいない

B : I know more than you do!
君よりはわかってるさ

バリエーション

What do you know about business?
ビジネスなんかわかっちゃいないくせに

What do you know about history?
歴史のことなんかわかっていないくせに

53 気持ちをたずねる "What do you say?"

What do you say?

> あなたはどう言いますか？ ×

> あなたはどう？

(++) ネイティブの気持ち
「あなたはどう？」

What do you say? を直訳すると、「あなたはどう言いますか？」という意味になるでしょう。しかし実際には What do you say? は、「あなたはどう？」「あなたはどうする？」「あなたはどう思う？」「あなたの意見はどうですか？」と相手の気持ちや意見、意向などをたずねる表現として使われます。

誰かをどこかへ誘ったときなどに、What do you say?（あなたはど

うする?)と付け加えて使うのが、このフレーズの最もポピュラーな用法です。誰かに意見を聞くときには、この What do you say? をぜひ一度お試しあれ。ちなみに、What did you say? と過去の文になると、このような意味はなく、「何と言ったのですか?」と相手の言葉を確認するフレーズになりますよ。

(^^) 使い方

A : We're going swimming tomorrow.
明日泳ぎに行くんだ

B : In the ocean?
海に行くの?

A : Yeah, what do you say?
ああ、君はどう?

B : Sound like fun.
楽しそうね

バリエーション

How about it?
どう?

What do you say to going with us?
私たちと一緒に行くのはどう?

54 叱っているのよ、"Didn't I tell you...?"

Didn't I tell you to put away these books?

> この本を片づけてください と言わなかった？ ✗

> この本を片づけなさいって 言っただろう！ ○

(++) ネイティブの気持ち

「この本を片づけなさいって言っただろう！」

　この例文の Didn't I tell you...? は「言わなかった？」「言いませんでしたか？」と単純にたずねているのではなく、「私、君に言わなかったっけ？　いいや、言ったよね、言っておいただろう！」と念を押しながら相手を叱る表現なのです。

　相手が Didn't I tell you...? というフレーズを口にしたときには、もしかしてこの人キレかかってるのでは、と身構えたほうがいいかもしれ

ませんね。

「この本片づけてって言わなかったっけ？」を英語で言いたいなら Did I tell you to put away those books? と言えば OK でしょう。

(^^) 使い方

A : What are you doing?
何してるの？

B : Watching TV.
テレビ見てるんだ

A : Didn't I tell you to put away those books?
この本を片づけなさいって言ったでしょう！

B : Oh, I forgot.
あっ、忘れてた

バリエーション

Didn't I tell you to clean the hallway?
廊下を掃除してって言ったでしょう！

Didn't I tell you to be on time?
時間どおりに来なさいって言ったでしょう！

I told you a thousand times to close the door!
ドアを閉めるように千回も言っているのに！

55 "as far as I'm concerned" は「勝手にしろ」

As far as I'm concerned, you can quit.

> 私はあなたが今辞めても差し支えありませんよ ✗

> 辞めたいなら、辞めても構わないんだぞ ○

(++) ネイティブの気持ち
「辞めたいなら、辞めても構わないんだぞ」

　As far as... というフレーズは、学校の授業では「〜に関する限り」といった意味で教わりましたね。この知識から類推すれば、As far as I'm concerned, you can quit. という文は「私はあなたが今辞めても差し支えありませんよ」と、ふつうに自分の意見を述べる文だと考えてしまいますね。しかし、実際には As far as I'm concerned, ... には「どうぞご自由に」「勝手にすれば」といった少々嫌味っぽく、突き

Unit2 誤解を生む英語、つい使っていませんか

放したニュアンスが含まれているのです。
　相手が、As far as... と切り出したときには、嫌みを言っているのかもとちょっと考えてみてください。

(^^) 使い方

A : You don't pay me enough to work here.
私は十分な給料をもらってませんよ

B : As far as I'm concerned, you can quit.
辞めたいのなら、辞めても構わないんだぞ

A : Okay, I will. I quit!
わかったよ、辞めてやる！

B : Good!
いいだろう

バリエーション

As far as I'm concerned, you can get arrested.
僕は君が逮捕されたってちっとも構わないよ

As far as I'm concerned, you can destroy your career.
君が自分のキャリアをぶち壊すことになっても、僕は全然構わないよ

56 相手をバカにする "Don't you know...?"

Don't you know how to use it?

> 使い方わかりませんか？ ×

> 使い方もわからないの？

(++) ネイティブの気持ち
「使い方もわからないの？」

　Don't you know...? で、単純に「知らないのですか？」とたずねる場合もありますが、そうではなく、「そんなことも知らないの？」と、相手の無知や能力不足を非難するニュアンスを含む場合もあります。

　この例文 Don't you know how to use it? の場合は、「使い方もわからないの？（頭悪いんじゃない？）」とバカにしている感じがします。くれぐれもご使用にはご注意ください。反対に、Do you know

Unit 3 危ない！ 知らずに使うとトラブルになります

how to use it? と肯定の疑問文を使えば、嫌みのない普通の疑問文となり、「使い方知ってますか？」という意味を相手に伝えることができます。

(^^) 使い方

A : There's a coffee machine over there.
コーヒーメーカーがそこにあるでしょう

B : A coffee machine? Where's the on button?
コーヒーメーカー？　ボタンはどこなの？

A : Don't you know how to use it?
あなた、使い方もわからないの？

B : Ah, no.
うん知らない

バリエーション

Don't you know how to play tennis?
テニスの仕方も知らないの？

Don't you know anything about computers?
コンピュータについて何も知らないの？

57 "You'd better..." は脅し文句だ!

You'd better not miss another meeting.

> 次のミーティングには欠席しないほうがいいですよ ✗

> いいか、次のミーティングには必ず出るんだぞ、さもないと……

(++) **ネイティブの気持ち**

「いいか、次のミーティングには必ず出るんだぞ、さもないと……」

　had better という表現について学校の英語の授業では、「〜したほうがいい」という意味を教わります。しかし、You を主語とした had better、つまり You'd better... という表現には「脅しや警告のニュアンス」があることを覚えておきましょう。「〜したほうがいいよ (さもないと〜だ)」という響きがあるのです。

Unit3 危ない！ 知らずに使うとトラブルになります

知らずに使っていた You'd better... が、もしかしたらあなたのまわりの人を脅していたかもしれません。これからは、心して had better を使うようにしてください。

(^^) 使い方

A : Why weren't you at the meeting?
どうしてミーティングに来なかったんだ？

B : Well, actually, I forgot about it.
実は、忘れてしまったんです

A : You'd better not miss another meeting. You've already missed three.
いいな、もうミーティングには欠席するなよ。
君はもう3度出てないんだからな

バリエーション

You'd better finish on time.
時間どおりに終えたほうが身のためだぞ

You'd better not make another mistake.
もう失敗しないほうがいいぞ

58 "It's okay." は「なげやり」!?

It's okay.

> 大丈夫だよ ×

> まあ、こんなものだろう ○

(++) ネイティブの気持ち
「まあ、こんなものだろう」

　It's okay. と聞くと、「いいよ」「オッケーだよ」という意味だと思われがちですが、実はそうではない場合がほとんどです。「使い方」のように、何かの具合を聞かれたときの It's okay. という返事には、ネガティブなニュアンスがこもっているのです。It's okay. は、日本語にするとしたら、「まあまあかな」「こんなもんじゃないの」「まあ、しかたないよ」という感じで、あるものがなんとか我慢できるレベルだということを

Unit 3　危ない！　知らずに使うとトラブルになります

言外に述べる表現になります。

　よほどポジティブな口調や態度で使われた場合だけが例外で、文字どおり「オッケーだよ」という意味で用いられていると覚えておきましょう。

(^^) 使い方

A : How do you like your new car?
新しい車はどうだい？

B : It's okay.
まあまあかな

A : What's the matter?　Don't you like it?
問題があるのかい？　気に入らないの？

B : I like it, but it's expensive to drive.
気に入ってはいるけど、運転コストが高いんだよね

バリエーション

It's okay, I guess.
たぶん、こんなもんじゃないかな

It's all right.
まあ、なんとかなってはいるよ

59 「やるけど、でもね」と条件付きの "be willing to..."

I'm willing to help.

> 喜んでお手伝いします ✗

> 条件が合えばお手伝いしますよ

(++) **ネイティブの気持ち**

「条件が合えばお手伝いしますよ」

willing も多くの日本人に誤解されている言葉です。辞書にも willing の項には「喜んで、快く〜する」という意味だけが掲載されていることが多いのですが、これでは説明不足というしかありません。

be willing to... というフレーズが出てきたら、be willing to...if と、後ろに if の条件文がついていると考えてください。例えば、I'm willing to help. の場合には、I'm willing to help if you let me

Unit3 　危ない！　知らずに使うとトラブルになります

use your car.（自動車を貸してくれるのなら、喜んで手伝いますよ）といった何らかの条件をネイティブは想定しながら話をしているのです。

(^^) 使い方

A: I need to move my desk to the 5th floor.
机を5階に動かさなきゃならないんだ

B: I'm willing to help, but...
手伝いますよ、でも

A: But what...?
でも、何なんだい？

B: ...only if you let me use your car.
もしあなたの車を使わせてくれるならね

バリエーション

I'm willing to help if you pay me 50,000 yen.
5万円くれるのなら手伝いますよ

I'm willing to lend you money if there's a contract.
契約書があればお金を貸しますよ

60 "I'll manage." は「不承不承」

I'll manage.

> なんとかします ✕

> 仕方ないからなんとかしますよ ○

(++) **ネイティブの気持ち**
「仕方ないからなんとかしますよ」

manage は、多くの辞書で、「どうにか[何とか]して〜する」と紹介されていますが、実際には、渋々引き受けるときに使う表現です。「このプロジェクトを君に任せるよ」などと上司に言われたときに、I'll manage. などと返答しないようにしてください。そんなときには、I'll do my best.（ベストを尽くします）という表現をおすすめします。

逆に You'll manage. だと「何とかなるからブツブツ文句を言うのはやめなさい」というニュアンスになります。もちろん、I manage a staff of 20. なら「私は20人のスタッフを担当しています」の意味で、イヤミっぽい意味合いはありません。

(^^) 使い方

A: How long will you be gone?
どのくらい出かけているんだい？

B: About two weeks. Can you water my plants for me?
2週間だよ。花に水をやっておいてくれない？

A: I'll manage.
仕方ないな、何とかするよ

B: Come on. It's not so hard.
頼むよ。そこまで大変なことじゃないでしょう

バリエーション

I'll manage somehow.
仕方ないな、何とかしてみるよ

I'll do it.
やります！

Leave it to me.
私に任せてください

61 "Give me..., please." は幼稚なセリフ

Give me a dollar, please.

> お願いです、1ドルください ✗

> 1ドルちょうだい

(++) ネイティブの気持ち
「1ドルちょうだい」

ネイティブは、Give me, ...please. または Please give me... という言葉を聞いた途端に、子供っぽいという印象を抱いてしまいます。よく子供たちが「～ちょうだい」と言いたいときに、このフレーズを口にすることからの連想なのですが、どうしても子供っぽく聞こえてしまうのです。もちろん家庭や友人との会話などで使ってもさほどの違和感はありませんが、仕事の打ち合わせの席や上司との受け応えなどで使うの

Unit3　危ない！　知らずに使うとトラブルになります

はあまりおすすめできない言い回しです。Do you think you could give me some advice/help? (ちょっとアドバイスを[手伝って]もらえませんか)といった、大人にふさわしい表現を身につけましょう。

(^^) 使い方

A : Give me a dollar, please.
1ドルちょうだい

B : I already gave you your allowance.
もうお小遣いはあげたでしょう

A : I know, but I spent it.
わかってるよ、でももう使っちゃったんだよ

B : You'll just have to wait until next month.
来月まで待つのね

バリエーション

Give me your address, please.
住所教えてよ

Give me some rice, please.
ご飯ちょうだい

Give me some candy, please.
キャンディーちょうだい

62 短縮しないと「主張」が強まる！

That is not what I said.

> 私が言ったのはそうではありません ✗

> そんなことはまったく言ってないぞ！ ○

(++) ネイティブの気持ち
「そんなことはまったく言ってないぞ！」

　学校の英語の授業では、This [That] is not とその短縮形である This [That] isn't、あるいは I am not と I'm not、You are not と You aren't はそれぞれ同じ意味であると習ったはずです。しかし、短縮した形とそうでない形とは、実際の会話では、異なった意味で受け取られる場合があるので注意が必要です。

　現代の英会話では短縮形を使うのが一般的ですが、短縮されな

い形、つまり I am not, You are not, This is not などが用いられた場合には、「強い主張」の響きが生まれます。I'm not interested. なら「私は興味ありません」と聞こえますが、I am not interested. と短縮形を用いない場合には、「俺はそんなことには全然興味ないよ」という感じに響くのです。とても強い響きになりますね。

(^^) 使い方

A : Here's your pay.
これが君への支払いだ

B : But there's only $30. You said you'd pay me $50.
でも、30ドルしかないよ。君は50ドルくれるって言ったじゃないか

A : That is not what I said.
そんなことはまったく言ってないぞ！

B : Yes, it is. I remember clearly.
言ったよ。はっきり覚えてるよ

バリエーション

I am not going.
私は絶対に行かないわ

Lucy is not happy.
ルーシーは絶対に幸せじゃないわよ

63 "For your information, ..." は「釘を刺す」言葉だ

For your information, I've decided not to go.

> ご参考までに申し上げますが、僕は行きません ✕

> 言っとくけど、僕は行かないからな

(++) ネイティブの気持ち
「言っとくけど、僕は行かないからな」

　for your information というフレーズをイライラしながら不機嫌な調子で口にすると、とても嫌みっぽく響きます。「ご参考までに」というよりも、「言っておきますけどね」「ひとこと注意しておきますけどね」という感じです。とかく日本人は、何気なく親切心から、「ご参考までに」という言葉をよく口にしますが、この For your information, ... というフレーズは、決して不機嫌な顔や口調で口にしてはいけませんよ。

Unit 3 危ない！ 知らずに使うとトラブルになります

(^^) 使い方

A : The meeting starts at 4:30.
ミーティングは4時半からよ

B : I know.
わかってる

A : I want you to dress conservatively and not say anything.
ちゃんとした服装をしてほしいの。それから何も話さないで

B : For your information, I've decided not to go.
言っとくけど、僕は行かないからな

バリエーション

If you want to know, I've decided not to go.
教えといてやるけど、僕は行かないからね

You may be interested to know that I've decided not to go.
教えとくけど、僕は行かないからね

64 「もうたくさんだ！」の "I've had enough of..."

I've had enough of your chicken.

> 鶏料理はもう十分いただきました ✗

> お前の鶏料理などもうたくさんだ！

(++) ネイティブの気持ち
「お前の鶏料理などもうたくさんだ！」

「もうお腹いっぱいです」と言うときに、I've had enough. という言い方をしますが、この例のように後ろに of... がくっつくとニュアンスが大きく変わってしまうので要注意。

I've had enough of... とすると、「〜などもうたくさんだ」と、うんざりした気持ちを表すフレーズになります。I've had enough of your cooking. なら「お前の料理にはもううんざり、もうたくさんだ」という感

Unit3　　危ない！　知らずに使うとトラブルになります

じになります。「お腹がいっぱいだ」と伝えたいときには、間違っても後ろに of... というフレーズは追加してはいけませんよ！

(^^) 使い方

A : We're having chicken for dinner.
夕食は鶏料理よ

B : Chicken! We've had chicken every day for two weeks.
鶏だって？　2週間毎日鶏を食べてるんだぞ！

A : I thought you liked chicken?
あなた、鶏好きじゃなかったっけ？

B : I've had enough of your chicken.
お前の鶏料理はもうたくさんだ！

バリエーション

> **I've had enough of your lying.**
> もうお前のうそにはうんざりだ
>
> **I've had enough of this computer.**
> もうこのコンピュータにはうんざりだ

65 "Who do you think...?" でケンカを売ることに!?

Who do you think I am?

> あなたは私が誰だと思いますか？ ×

> 俺様をいったい誰だと思っているんだ？ ○

(++) ネイティブの気持ち
「俺様をいったい誰だと思っているんだ？」

　Who do you think I am? という表現を見て、即座にケンカ腰な感じを思い浮かべる人は、かなりの英語達者ではないでしょうか。「私が誰だと思いますか？」と訳してしまった方は、もう少し勉強が必要ですね。

　この表現は「私は誰だと思いますか」といったやわらかい言い方ではなく、「俺様を誰だと思っているんだ、貴様！」といったケンカの売り

Unit3 危ない! 知らずに使うとトラブルになります

言葉です。類似する表現に、Who do you think you are?(あんた、いったい自分を何様だと思っているんだ?)などがありますが、みなさんはこんな柄の悪い言葉は使わないようにしましょうね。

(^^) 使い方

A : Get me some coffee.
コーヒーを頼むよ

B : Who do you think I am?
私を誰だと思っているの?

A : Well, ah....
えっ、あぁ……

B : I'm not your servant.
私はあなたの召使いじゃないのよ

バリエーション

Who do you think I am, your mother?
私を誰だと思ってるの? あなたの母親じゃないのよ!

Who do you think you're talking to?
誰に向かって話していると思ってるんだ?

66 "no idea" と言うと、「さっぱりわからん」ことに

I have no idea.

> 私にはアイデアがありません ×

> さっぱりわかりません

(++) ネイティブの気持ち
「さっぱりわかりません」

　idea と聞けば、みなさんは、日本語にもなっている「アイデア」という意味を連想してしまうのではないでしょうか。もちろん、この意味でもidea という言葉は使われていますが、I have no idea. の場合には少し違います。「アイデア」というよりも「知識」と訳したほうが日本語にはピッタリくるでしょう。I have no idea. では「私にはまったく(そのことについての)知識がありません」ということになるのです。自然な日

Unit3 危ない！ 知らずに使うとトラブルになります

本語に直すと、「さっぱりわかりません」といったところでしょう。
　たくさんの日本人が勘違いして使ってきたフレーズですが、そろそろ正しい I have no idea. を使える人が増えてきてほしいものです。

(^^) 使い方

A : Do you know how many shoes she has?
彼女が何足靴を持ってるか知ってる？

B : I have no idea.
さっぱりわからないな

A : She has over 250 pairs.
250足以上あるんだって

B : That's a lot.
すごい量だね

バリエーション

I haven't the slightest idea.
まったくわからないわ

I haven't the foggiest idea.
微塵もわからないわ
＊foggy「ぼんやりした」

67 「優柔不断」な "..., I think"

We need to buy a new car, I think.

> 新しい自動車を買わなければならないと思います ✗

> 新しい車を買わなきゃならないかなぁ

(++) ネイティブの気持ち
「新しい車を買わなきゃならないかなぁ」

　自分の考えを述べるのが I think というフレーズなのですが、これが文末に付け加えられた場合には、その前に述べたことをやわらげあいまいにしてしまう働きがあります。「自分はこう思う」と断固として主張するのではなく、「〜かもしれないな」「〜かなぁ」とやや遠慮がちであいまいなニュアンスを出すフレーズが ..., I think. なのです。日本語でも、よく「〜だ」と言い切りそうになったあとに「……と思うよ」とつ

Unit3 危ない！ 知らずに使うとトラブルになります

け加えることがありますね。あのニュアンスだと思ってもらえばわかりやすいでしょう。

　ですから、この ..., I think. ばかりを繰り返していると、相手はきっとあなたのことを、なんだか優柔不断なやつだなぁと思い込んでしまうことでしょう。..., I think. の使い過ぎには要注意ですよ。

(^^) 使い方

A : Where have you been?
あなたどこに行ってたの？

B : The car broke down. We have to buy a new car, I think.
自動車が壊れちゃったんだ。新しい車を買わなきゃならないかなぁ

A : I agree.
そうね

バリエーション

I think we need to buy a new car.
新しい自動車を買うべきかなぁ
＊... , I think よりやや明確

I suppose we need to buy a new car.
（同上）
＊I think... とほぼ同じ程度のあいまいさ

68 激しい嫌悪だ "be not about to..."

I'm not about to go.

> 私は行くつもりはありません ×

> 私には行くつもりなど毛頭ない

(++) **ネイティブの気持ち**
「私には行くつもりなど毛頭ない」

　be about to... は肯定文の中で使われるのと、否定文の中で使われるのとでは、だいぶ意味が違ってくる表現です。I'm about to go. という肯定表現では、「私は行くつもりです」と普通に意志を表すフレーズになりますが、I'm not about to go. と否定文の中で使われると、「行くつもりは毛頭ない」と、嫌悪感を含む強い否定的な意志を表すようになります。

Unit3 危ない！ 知らずに使うとトラブルになります

「～するつもりなど毛頭ない」という言い方なので、知らずに使ってしまうと、聞いた相手はあなたがなぜそんなにむきになっているのかさっぱりわからず、唖然としてしまうことでしょう。肯定と否定で意味が大きく異なることを忘れないでください。

(^^) 使い方

A : Are you going to Jane's party?
ジェーンのパーティへは行くつもり？

B : No, I'm not.
いいえ、行かないわ

A : She'll be disappointed.
彼女、がっかりするでしょうね

B : I'm not about to go. She's my worst enemy.
行くつもりなんて毛頭ないわ。彼女は私の天敵なんだから

バリエーション

I'm not about to marry him.
彼と結婚するつもりなんか毛頭ないわ

I'm not about to give him a loan.
彼に金を貸すつもりなど毛頭ない

69 "Will you...?" は「ほぼ命令文」!?

Will you take out the garbage?

> ゴミを出してくれませんか？ ✕

> ゴミを出しといてくれる？ ◯

(++) ネイティブの気持ち
「ゴミを出しといてくれる？」

多くの日本人が Will you...? は Would you...? とあまり違いのない「依頼表現」だと考えていますが、実際にはそうではありません。ネイティブが他人にものを頼むときは、それが上司であれ、部下であれ、あるいは同僚であっても Would you...? を使うのが一般的です。

ここで紹介した Will you...? という表現は、当然相手がやってくれることを期待している、やや押しの強い依頼表現です。上の例のよう

Unit3　危ない！　知らずに使うとトラブルになります

に、頼んでいるというよりも、「〜してくれる？」「〜しておいてくれ」と、半分命令といってもいいニュアンスに近い場合が多いのです。日本人が人にものを頼みたいときには、Would you...? を使っておいたほうが無難だと言えるでしょう。

(^^) 使い方

A : Where are you going?
どこへ行くの？

B : I'm going to my friends house.
友達の家に行くんだよ

A : Will you take out the garbage?
ゴミ出しといてくれる？

B : I don't have time.
時間がないんだよ

バリエーション

Will you copy this contract?
この契約書、コピーしてくれる？

Will you clean up this office?
オフィスを掃除してくれる？

70 「ちょっと1杯」ではすまない "go drinking"

Let's go drinking.

> ちょっと飲みに行こうよ ×

> 今日は(とことん)飲もう

(++) ネイティブの気持ち
「今日は(とことん)飲もう」

　普通に相手をお酒に誘うときには、Let's go drinking. という表現は使いません。「飲みに行こうよ」と言うには、Let's have a drink. という表現を覚えましょう。ここで紹介した、Let's go drinking. というフレーズは、drinking に「酔っぱらった」という意味があることから、「酔っぱらおうよ」「今日はとことん飲もう」といった響きになるのです。

　いままで知らずに使っていませんでしたか？　Let's go drinking.

Unit3　危ない！　知らずに使うとトラブルになります

とネイティブに向かって言ったら、「ちょっと1杯」ではすまなくなりますよ。気をつけましょう。

(^^) 使い方

A : What's the matter?
どうしたんだい？

B : My wife wants a divorce.
妻が離婚したいと言ってるんだ

A : That's too bad. Let's go drinking.
それは大変だな。今日はとことん酒を飲もう

B : Maybe it'll help me forget.
気を紛らわすのには、それもいいかもな

バリエーション

Let's go get drunk.
徹底的に飲もうぜ

Let's paint the town red.
今日は底抜けに飲みまくろう
＊paint the town red「街中飲み歩いて大騒ぎする」

71 「イライラ」の表れ、"Need I...?"

Need I say more?

> もっと話す必要がありますか？ ✕

> (これ以上)まだ説明しなきゃならないの？

(++) ネイティブの気持ち
「(これ以上)まだ説明しなきゃならないの？」

　Need I say more? と似た表現に、Do I have to say more? という have to を用いたセンテンスが考えられますが、こちらは「もっと話をする(説明する)必要がありますか？」と、さらに何らかの言葉を補うべきかどうかを確認するごく普通の疑問文です。これに対して Need I say more? と Need を文頭に持ってくると、感情的な文になり、「まだ、説明しなきゃならないのか？」「これだけ言っても、まだ、わ

Unit3 危ない！ 知らずに使うとトラブルになります

からないのか？」といったイライラ感を含んだニュアンスになります。

これも日本人によくある間違いのひとつですから、気をつけてください。この人はどうして急にイライラし始めたのだろうと、ネイティブに思われてしまいますよ。

(^^) 使い方

A: Why did you break up with Jim?
どうしてジムと別れたの？

B: I'd rather not talk about it.
その話はしたくないわ

A: Why? Did you find someone else?
どうして？ 誰か新しい人ができたの？

B: No, he hit me. Need I say more?
いえ、彼が私をぶったのよ。まだ説明しなきゃならないの？

バリエーション

Need I repeat myself?
また説明しなきゃならないの？

Need I explain myself again.
もう一度説明しなきゃならないの？

72 "must" は「正義」の言葉だ

We must save the river?

> この川を救わなきゃ ✗

> われわれには
> この川を救う義務があるのだ

(++) **ネイティブの気持ち**
「われわれにはこの川を救う義務があるのだ」

　must が、実は日常の出来事には使えない助動詞だ、ということは知っていましたか？ 例えば、I must go to the store. のように go to the store（お店へ行く）といった日常的な義務の表現に must をつけることはほとんどないのです。must を使うととても大げさに聞こえますから、「私はお店へ行かねばならぬ」といった古臭く堅苦しい感じに聞こえてしまいます。

Unit3 危ない！ 知らずに使うとトラブルになります

　must は「環境を救う」「道徳を守る」「犯罪を撲滅する」といった「道徳的なこと」あるいは「やって当然の義務」などについて述べるときに使うものだと理解しましょう。must は、大上段に構えて「正義」を語る、やや堅めの表現と言ってもいいでしょう。

(^^) 使い方

A : We must save the river!
われわれはこの川を救う義務があるのだ！

B : What can we do?
われわれに何ができるだろうか？

A : We can take the city to court.
市を法廷に引きずり出そう

B : I agree. Let's do it.
そうだ。やってみようじゃないか

バリエーション

We must do something about crime.
われわれは犯罪に関して何かしなければならない

We must not destroy the environment.
われわれは環境を破壊してはならない

73 「席をすすめる」のには使えない "Please sit down."

Please sit down.

> どうぞおかけください ×

> 席について！

(++) **ネイティブの気持ち**
「席について！」

みなさん、Please sit down. という言葉は丁寧に席をすすめるときに使う言葉だと思っていませんか？ しかし、Please sit down. は、相手に丁寧に席をすすめるのにはあまりいい表現とは言えません。どちらかと言えば、同僚が会議の前に立ち話をしているときに「みんな座って！」と相手を急かすために声をかけるとき、あるいは、教室で立ち上がって騒いでいる生徒などに向かって「席について！」と声をか

けるといった場合に使われる表現なのです。

相手に失礼にならない丁寧なすすめ方としては、Please have a seat.（どうぞおかけください）という表現を覚えたほうがいいでしょう。人に席をすすめるときには、Please sit down. は避けるようにしてください。

(^^) 使い方

A: Stop talking and please sit down.
騒いでないで席について！

B: Here we go again.
また長い会議の始まりか

A: Did you say something?
何か言ったかい？

バリエーション

> **Please sit down now.**
> さあ、席について
> **Sit down.**
> 席に着きなさい
> ＊Please sit down. とほぼ同じ強さ

74 "You can't..." だけでは「冷たいお断り」になる

You can't use my bike.

> 私の自転車は使えませんよ ✗

> 僕の自転車、使わないでよ ○

(++) ネイティブの気持ち
「僕の自転車、使わないでよ」

例文のように、何の理由もつけずに、You can't... というフレーズひとことだけで断りを入れるのは控えましょう。ネイティブには、冷たく突き放した「拒否」の表現に聞こえます。あからさまにその人にはそうしてほしくないというニュアンスで伝わってしまうのです。You can't... のフレーズで何かを断るときには、必ず後ろにその理由を付け加えるのを忘れないようにしましょう。

Unit 3 危ない！ 知らずに使うとトラブルになります

　You can't use my bike. It has a flat tire.（僕の自転車は使えないよ。パンクしているんだ）のような言い方なら、ダメな状況や理由まできちんと伝わります。冷たい感じに受け取られることはないでしょう。

(^^) 使い方

A: I need to go to the post office before it closes.
閉まる前に郵便局に行かなきゃ

B: You can't use my bike.
僕の自転車は使っちゃダメだよ

A: But I need to mail this letter today.
でも、今日投函しなきゃダメなんだ

B: It's not my problem.
それは君の問題だろ

バリエーション

You can't leave early today.
今日は早く帰れないぞ

You can't marry her.
結婚は許さないぞ

75 「努力したが実現しなかった」"try"

I tried to finish my homework.

> 宿題を終わらせるように頑張った ✕

> 宿題を終わらせようと
> 努力はした（が、できなかった）○

(++) **ネイティブの気持ち**

「宿題を終わらせようと
努力はした（が、できなかった）」

　try も、日本人によく誤解される言葉です。try は単に「努力した」「トライした」という意味ではなく、「トライしたが、うまくいかなかった」「やってみたができなかった」という含みをもつ言葉なのです。単に「頑張ってやった」という意味ではないことに注意してください。「やったけどできなかった」という意味です。勘違いして覚えているとまったく

Unit3 危ない！ 知らずに使うとトラブルになります

反対の意味で伝わってしまうかもしれませんよ。

「頑張って何とかできた」と言いたいときには、manage（何とか成し遂げる）という動詞を使って、I managed to finish my homework.（何とか宿題を終えることができた）と表現することができます。

(^^) 使い方

A : What did you do last night?
昨日の夜は何をしてたの？

B : I tried to finish my homework.
宿題を終えようと思ったんだけど、終わらなかったんだ

A : I finished mine. Do you need some help?
私は終わったわよ。手伝ってほしい？

B : Sure. Can you help me before school starts?
もちろんだよ。学校が始まる前に助けてよ

バリエーション

I tried to help him.
彼を助けようとしたんだができなかったよ

I tried to graduate.
卒業しようとしたけどできなかったよ

76 文頭の "and" は「偉そう」に聞こえる

And why not?

❌ どうしてダメなのですか？

⭕ で、ダメな理由は何なんだよ？

(++) **ネイティブの気持ち**
「で、ダメな理由は何なんだよ？」

文頭に、And をつけると、自分のほうが相手よりも一枚上手だという感じが言葉にこもります。例文のように、And why not? と言えば、「で、ダメな理由は何なんだよ？」と上から下に向かって偉そうに問いただす感じが出てしまうのです。

Why not? という言葉がなかなか出てこないからと言って、And... という単語で言葉をつないでしまうと大変です。「何だか急に偉そうな

Unit3　危ない！　知らずに使うとトラブルになります

態度だなぁ、この人」といった気持ちをネイティブに抱かせてしまいますのでご注意ください。

(^^) 使い方

A: The meeting starts at 5:00.
打ち合わせは5時に始まるからね

B: I can't go.
出られないんです

A: And why not?
で、ダメな理由は何なんだよ？

B: I have another appointment.
ほかのアポイントがありまして

バリエーション

And would you mind telling me why?
で、理由を教えてくれるか？

And why do you think that?
で、何でそんなふうに思うんだ？

今、いちばん売れ
デイビッド・セイン

アスコムmini Bookシリーズ

mini版
ネイティブが使う英語使わない英語
650円（税込）

mini版
ネイティブスピーカーにグッと近づく英語
680円（税込）

mini版
読むだけで英語が楽しくなる本
680円（税込）

いま売れています！

ている!
のベストセラー

累計300万部!

ハンディ語学Bookシリーズ

出社してから帰るまで
ネイティブに伝わるビジネス英語700
935円(税込)

ネイティブが教える
TOEICテストシンプル勉強法
1000円(税込)

この1冊から
やり直そう!

mini版
ネイティブに嫌われる英語

発行日　2011年10月11日　第1版第1刷
発行日　2014年 3月24日　第1版第2刷

著者	デイビッド・セイン
デザイン	間野 成
イラスト	小迎裕美子（カバー）
	スヤマミズホ（本文）
編集協力	アマプロ株式会社、中山祐子
編集	小林英史
発行人	高橋克佳
発行所	株式会社アスコム
	〒105-0002
	東京都港区愛宕1-1-11　虎ノ門八束ビル
	編集部　TEL：03-5425-6627
	営業部　TEL：03-5425-6626　FAX：03-5425-6770

印刷・製本　中央精版印刷株式会社

© A to Z Co. Ltd.
Printed in Japan　ISBN 978-4-7762-0694-1

本書は著作権上の保護を受けています。
本書の一部あるいは全部について、株式会社アスコムから文書による許諾を得ずに、
いかなる方法によっても無断で複写することは禁じられています。

落丁本、乱丁本は、お手数ですが小社営業部までお送りください。
送料小社負担によりお取り替えいたします。
定価はカバーに表示しています。